DEDICADO À MEMÓRIA DOS MEUS PAIS,
AILI E MARTTI AALTONEN.

Timo Aaltonen
André Aaltonen

SAUNA FINLANDESA

4ª EDIÇÃO

História
Rituais
Construção

EDICON

CIP-BRASIL. CATALOGAÇÃO NA PUBLICAÇÃO
SINDICATO NACIONAL DOS EDITORES DE LIVROS, RJ

A11s
4. ed.

Aaltonen, Timo
Sauna finlandesa : história rituais construção / Timo Aaltonen, André Aaltonen. - 4. ed. - São Paulo : Edicon, 2024.
176 p. : il. ; 23 cm.

Inclui bibliografia
ISBN 978-65-5934-110-8

1. Sauna - Construção - História. I. Aaltonen, André. II. Título.

24-95113 CDD: 728.9
CDU: 728.9:643.522

Meri Gleice Rodrigues de Souza - Bibliotecária - CRB-7/6439
21/11/2024 26/11/2024

Contato com os autores: andreaaltonen@gmail.com

EDICON
Editora e Consultoria Ltda
(11) 3255 1002 • 3255 9822
Rua Gama Cerqueira, 87 Cambuci
CEP 01539-010 São Paulo/SP
www.edicon.com.br
contato@edicon.com.br

AGRADECIMENTOS

A elaboração deste livro só foi possível graças ao apoio da Sociedade Finlandesa de Sauna (Suomen Saunaseurary), dos meus amigos apreciadores de sauna e das pesquisas feitas pelos diversos especialistas mencionados na bibliografia.

Os meus agradecimentos especiais ao meu genro Dr. Daniel Alcantara Pereira que me ajudou nas pesquisas referentes aos aspectos da saúde; ao L.O.C. Rodrigues, da UFMG que me apoiou com valiosos conhecimentos e críticas dos capítulos referentes à saúde e reações do corpo humano ao calor da sauna; à arquiteta Kathia Hannonen que aperfeiçoou as artes gráficas do livro; aos meus filhos Alex e Laila, que me ajudaram colaborando com ideias e revisando os textos; ao meu filho André, arquiteto, que me ajudou com os detalhes de construção e projeto e aos meus netos Dora, Julia e Ricardo pelo caloroso apoio.

Agradecimentos carinhosos à minha mulher Eliane que sempre me incentivou, me ajudou na elaboração, revisou textos e não reclamou das horas que passei escrevendo e pesquisando, em detrimento de passeios e diversões que deixamos de fazer.

TODAS AS TRISTEZAS VÃO EMBORA
NO CHIAR DAS PEDRAS DA SAUNA.

REINO HANNONEN

PREFÁCIO 4ª EDIÇÃO

O tempo passa e novas ideias surgem.

Eu já mencionava no prefácio da terceira edição:

....

"Vários anos já passaram depois da 1ª edição deste livro e também aconteceram várias mudanças na vida de todos e na nossa, em particular, mas a tradição permanece.

Já temos novos membros na família, que ainda não fazem parte da foto na orelha deste livro.

Laila e Daniel nos deram dois netos fantásticos, o Tiago e o Mateus, que não perdem uma só sessão de sauna, quando vão a Penedo.

Elaine e Alex nos presentearam com lindos gêmeos, nascidos em janeiro deste ano. A Ana Luíza e o Davi certamente estarão subindo e descendo os degraus da nossa sauna, assim que souberem andar.

O meu genro, médico urologista e colega saunófilo, Dr. Daniel Alcantara Pereira, teve a gentileza de me enviar uma referência médica a respeito da associação entre os banhos de sauna e a redução de eventos fatais cardiovasculares e de outras causas.

Essa pesquisa foi efetuada durante mais de 20 anos, num universo com mais de 2300 homens e revelou que existe uma relevante redução da taxa de mortalidade entre as pessoas que tem por hábito tomar banhos de sauna.

Vejam detalhes em:

http://www.medicalnewstoday.com/articles/289833.php

Achei interessante este estudo e acredito na seriedade do mesmo, mas faltou ressaltar um aspecto importante dos banhos a suor.

Caso o estudo não tivesse sido feito, morreríamos na ignorância de que podemos viver mais devido aos banhos de sauna.

Desde há muito tempo, há milênios, algumas sociedades já conheciam outros efeitos benéficos desses banhos.

Além dos finlandeses que criaram a sua sauna, os gregos, os romanos, os povos islâmicos, os astecas, os índios americanos, os russos, os japoneses e até algumas tribos indígenas brasileiras tinham por hábito tomar a sua versão de banhos de suor.

Algumas culturas o faziam para limpar o corpo, outras por motivos religiosos ou até para se prepararem para uma guerra.

Não tinham ideia de que também estavam prolongando a própria vida – talvez nem interessasse.

Certamente sentiam o que mais importava – a melhoria da qualidade de vida.

Sempre que posso, tomo a minha sauna, seja depois de um trabalho intelectual, ou após um longo dia de trabalho braçal, na minha marcenaria.

Quando não tenho companhia, tomo a minha sauna solitária e uso esse momento de paz e tranquilidade para meditar.

Depois da sauna, estou "pronto para outra".

De lá para cá, mais dois futuros saunófilos foram gerados pela minha neta Julia: a Aurora e o Mikael, meus bisnetos.

....

A sauna é um lugar propício para a meditação e fértil para a criatividade.

O comportamento recomendado para o ambiente da sauna é o mesmo para o da igreja, com a diferença do vestuário.

Algumas conversas são trocadas, as discussões são evitadas e o silêncio deve prevalecer.

Desfrutar da sauna com alguns amigos é bem agradável e quando estamos sozinhos nos inspiramos para analisar os problemas familiares, de trabalho ou até mesmo para encontrar soluções nos detalhes da construção da sauna.

O momento é parecido ao que me acontecia enquanto caminhava ou corria sozinho treinando para as 12 maratonas que enfrentei.

Várias ideias surgiram nessas ocasiões, como que por acaso. Algumas, relativas ao material que nos foi presenteado (vide o capítulo da Sauninha) e outras como soluções mais simples para substituir as tradicionais complicadas.

O André encontrou uma madeira excelente para a forragem das paredes, teto e bancadas: a caixeta. Veio para substituir com vantagem e beleza o pinho do Paraná (em extinção) e o pinus eliotis (muito resinoso).

O André tem se dedicado, escrito e pesquisado sobre sauna e a partir desta edição ele passa a ser coautor do livro.

Mais do que merecido.

Timo Aaltonen

São Paulo, em 30 de novembro de 2024.

COMEMORAÇÃO DOS 80 ANOS DA COLÔNIA FINLANDESA DE PENEDO

Vinte e oito de janeiro de 1929. Essa data marcou formalmente a implantação da Colônia Finlandesa de Penedo. Foi a data de registro da compra em cartório no Rio de Janeiro. Os primeiros finlandeses já se instalaram em Penedo em 7 de dezembro de 1928, logo após a assinatura de uma escritura de promessa de compra e venda. Posso imaginar a alegria do grupo com o feito. Estava terminada a busca do tão sonhado local utópico para a implantação do seu paraíso tropical. Terminava a missão que levou mais de dois anos de visitas a quase 200 fazendas.

Depois da alegria dessa realização, dos momentos de contemplação daquela natureza maravilhosa, do perfil da bela índia de pedra deitada formando a serra da Mantiqueira, da vista convidativa do Rio das Pedras com suas águas cristalinas, o que devem ter feito os finlandeses?

Eu não tenho a menor dúvida.

Até nas tricheiras da segunda guerra mundial, a alguns metros do front e desde que lá ficassem por pelo menos um dia, uma sauna era construida.

Os registros indicam que em 1929 a primeira sauna de Penedo já existia. Eu até ousaria afirmar que essa sauna já estaria em uso em 28 de janeiro de 1929.

Os primeiros banhos e os refrescantes mergulhos no Rio das Pedras devem ter sido indescritíveis!

Dedíco esta edição especial do meu livro aos 80 anos da implantação da Colônia Finlandesa de Penedo e ao início efetivo da divulgação da cultura da sauna no Brasil.

Penedo, março de 2009.
O autor.

APRESENTAÇÃO

Outro dia vi na televisão uma entrevista com o Rui Guerra. Ele mencionou que estava planejando escrever um livro. Não disse o assunto, mas planejava começar a escrever quando completasse 107 anos.

Fiquei feliz: comecei a escrever o meu livro aos 62 anos.

Até hoje já fiz de tudo um pouco. Nasci, estudei, me divirto, fiz aeromodelos, escalei, tenho bons amigos, faço esculturas, fui aos Estados Unidos de carro, me formei engenheiro, casei com a mulher que sempre amei, tenho filhos e netos maravilhosos, construí várias casas e corri 12 maratonas.

Consigo consertar quase tudo. Os netos me chamam de consertor.

E gosto de sauna, é claro.

Fui doutrinado ao costume da sauna desde criancinha. A minha família chegou ao Brasil em 1947, quando eu tinha já completos 6 anos de idade. Lembro ainda vagamente de ter tomado sauna lá na Finlândia, mas as memórias mais antigas, que ficaram bem gravadas foram as dos banhos de sauna da família Bertell, em Penedo, quando lá passava as minhas férias. Os Bertell mantinham um hotel, que ainda hoje existe, mas agora pertence a outros proprietários. Tomávamos sauna todas as quintas e sábados, às 5 horas, depois do turno das mulheres. O ritual era o mesmo: íamos, Raul Bertell e eu, cortar galhos de eucalipto para fazer as vihtas (vide glossário no final do livro) para todos. Esperávamos a vez dos homens e lá íamos nós, enrolados nas toalhas brancas e calçados com tamancos de caxeta, comprados em qualquer armazém. Suávamos e pulávamos no Rio das Pedras para refrescar. Várias vezes. Saudades.

O meu pai, exímio fotógrafo já na Finlândia, deixou a fotografia nos anos 60, quando chegou a era da fotografia colorida. Era daltônico. Passou a se dedicar às saunas. Junto com Igor Gagarin, fundaram a Saunalar, que implantou várias saunas em residências, clubes e hotéis, em diversos lugares no Brasil.

O meu pai, Martti Aaltonen, construiu então a nossa primeira sauna em Penedo, no terreno que lá comprei. Ele construiu a nossa primeira casinha com uma sauna, ou melhor, a nossa sauna com uma pequena casinha.

Daí para que eu virasse um saunólatra inveterado foi um passo. Quando estou em Penedo, a sauna é diária, é claro. Mais saunólatra do que eu, só o meu compadre Reino Hannonen, que tomava uma de manhã e outra no fim da tarde.

Passei então naturalmente a ser uma fonte de informações sobre as saunas para os meus amigos. Já dei instruções e fiz desenhos de algumas dezenas de saunas, hoje também com a ajuda do meu filho e arquiteto André Aaltonen.

Daí veio a ideia: porque não colocar as informações básicas numa apostila? Da apostila para o livro, foi um passo.

Resolvi então que o livro não se resumiria aos detalhes construtivos da sauna. Deveria também conter informações relativas às origens dos banhos, como surgiu a sauna, os seus efeitos sobre o ser humano, etc.

A parte mais fácil foi a dos detalhes de construção, que já dominava um pouco, mas a pesquisa me provou que eu era um ignorante em vários aspectos, aliás como eu já suspeitava.

Depois de muita pesquisa, consegui diminuir um pouco a minha ignorância e grafar neste livro os meus achados. Por enquanto. Quem sabe, mais tarde, quando a minha ignorância diminuir sobre este assunto mais ainda, não faço uma nova edição, mais extensa?

SUMÁRIO

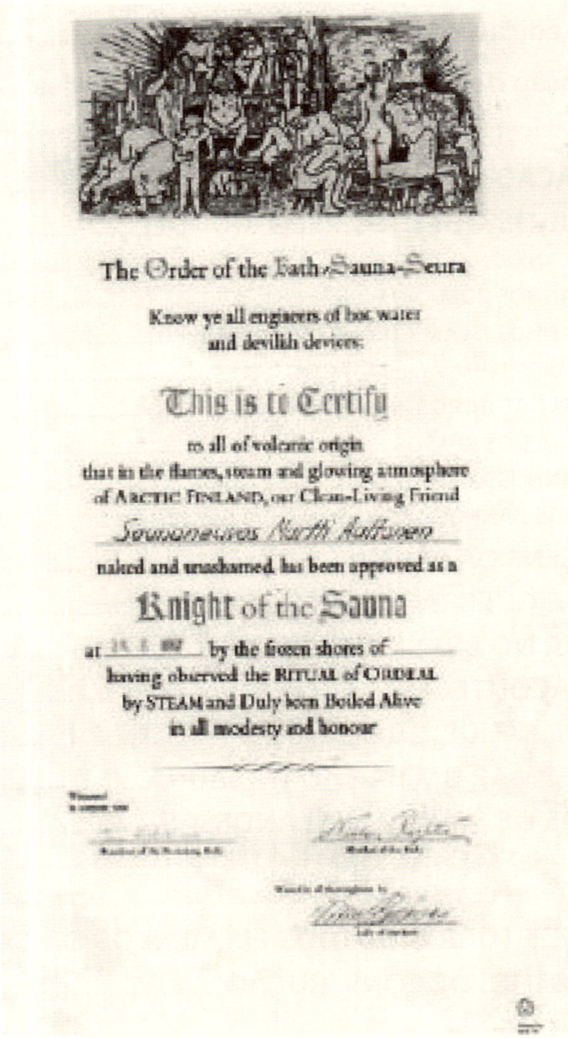

The Order of the Bath-Sauna-Seura

Know ye all engineers of hot water
and devilish devices:

This is to Certify

to all of volcanic origin
that in the flames, steam and glowing atmosphere
of ARCTIC FINLAND, our Clean-Living Friend

Saunaneuvos Martti Aaltonen

naked and unashamed has been approved as a

Knight of the Sauna

at ______ by the frozen shores of ______
having observed the RITUAL of ORDEAL
by STEAM and Duly been Boiled Alive
in all modesty and honour

O ritual da associação Sauna – Seura da Finlândia é tão completo que chegam a autorgar um diploma aos banhistas visitantes. Neste diploma ***reconhecem*** *o Martti Aaltonen como consultor de sauna (saunaneuvos).*

1

OS BANHOS QUENTES PELO MUNDO

O domínio do fogo permitiu ao homem dar início às pequenas grandes invenções que modificaram a sua qualidade de vida.

Aprendeu a fazer fogueiras para se aquecer, a cozinhar os alimentos e a iluminar suas habitações.

Vários povos que habitavam as regiões de invernos rigorosos e mesmo alguns, onde o inverno não era tão gelado assim, criaram banhos quentes e a suor, para a sua higiene e bem estar. Alguns descobriram ou acreditavam nos efeitos benéficos e espirituais desses banhos.

Os registros sistemáticos dos diversos tipos de banhos são relativamente recentes e os estudos arqueológicos dos banhos mais antigos são escassos, até pelas técnicas efêmeras das diversas formas de construção que eram adotadas.

Pesquisas indicam que vários desses banhos já existiam há milhares de anos, antes que qualquer registro fosse feito. vários ainda existem e prosperam, outros estão em fase de extinção nos dias de hoje.

Pela diversidade de tipos e das regiões geográficas onde os mesmos surgiram, podemos concluir que os banhos a suor devem ter surgido de uma forma independente.

A descrição de diversos banhos que se segue, não tem a ambição de esgotar o assunto, nem descrever todos os detalhes e variações de cada banho. Um mesmo banho pode ter variações grandes, de região a região, de país a país e até de vila a vila. O objetivo é ressaltar a necessidade natural que surgiu nas várias culturas do mundo, nos mais diversos rincões do nosso planeta, com relação à adoção de alguma forma de limpeza corporal, espiritual ou cura pela transpiração.

1.1 O balaneion dos gregos

A literatura grega antiga é rica em menções a banhos a suor. Heródoto (484-425 a.C.) já mencionava em seu livro *Histórias* os banhos a vapor dos gregos, o que faz supor que nessa época, já eram populares em toda a Grécia.

O aquecimento do ambiente de banho era realizado por meio de pedras aquecidas em fogueiras abertas ou em panelas com carvão e o vapor era conseguido jogando-se água sobre as mesmas.

Os serviços de distribuição de água encanada, após 600 a.C., contribuíram para a popularização de balneários mais sofisticados. Os gregos importaram o conceito dos banhos e o próprio nome *balaneion* dos povos orientais, em 500 a.C., os banhos eram encontrados em toda a Grécia.

O esporte fazia parte da cultura Grega e estava ligado fortemente à prática da arte e ciência. À época de Platão, os Ginásios eram centros de esporte e arte. Além das estruturas completas para a prática de esporte e saúde, incluíam espaços para banhos frios (*luthron*), para banhos aquecidos (*balaneion*) com ambientes específicos para os banhos a suor (*pyriateron*).

Estas áreas com facilidades para banho a suor eram encontradas também em casas de banho especificas, tanto particulares quanto do governo.

A popularidade dos banhos nos ginásios era tão grande, que os campos de esporte ficavam vazios. Para tentar tirar os jovens dos banhos, vários intelectuais conservadores como Aristófanes, Férakres, Demóstenes e Sócrates faziam correr rumores de que os banhos eram coisas de afeminados ou que as pessoas seriam cozidas vivas.

As construções eram relativamente modestas, se comparadas às termas romanas, implantadas posteriormente. Além de algumas salas de apoio, possuíam ambientes separados para banhos quentes secos e úmidos. Os ambientes de banhos a suor eram normalmente circulares, com pisos de pouca espessura, suportados por colunas. Uma fornalha alimentava os canais com gases aquecidos, tanto por baixo dos pisos quanto pelas paredes, que aqueciam os ambientes. A este sistema de aquecimento davam o nome de *hipocaustum*. De acordo com os achados nas escavações pelos arqueólogos, pode-se concluir que, tanto os Gregos nos seus *balaneion*, quanto os romanos nas suas *termas* tinham ambientes separados para banhos a suor secos e úmidos.

1.2 Os banhos romanos

O balneum

Se na Grécia os banhos a suor já eram populares no século 5 a.C., o costume ainda levou mais dois séculos para atravessar o Mar Jônico. Somente no século 3 a.C. surgiram e se popularizaram os banhos em Roma, e inicialmente sob a forma mais modesta e simples dos *balneum*.

Os *balneum* foram adotados pelos habitantes de classes mais abastadas, que os construíam juntos às suas residências nas cidades e nas suas casas de campo. No século 2 a.C. os *balneum* deixaram de ser um luxo exclusivo dos ricos, quando surgiram os primeiros *balneum* públicos que rapidamente se multiplicaram por todo o Império Romano. Alguns eram operados e mantidos por pequenos empreendedores privados que cobravam entradas dos frequentadores. Outros foram construídos e doados por pessoas de posse para a comunidade, assim como hoje são doados museus e escolas em alguns países. Após a implantação, os banhos eram então mantidos e operados pela comunidade. Mesmo nestes lugares, se cobrava uma pequena entrada, para a manutenção.

Além do costume dos banhos, os Romanos importaram também dos Gregos a tecnologia de aquecimento dos ambientes.

O *hipocaustum* A construção era feita sobre um piso elevado, a aproximadamente 60 cm do chão e as placas de piso eram

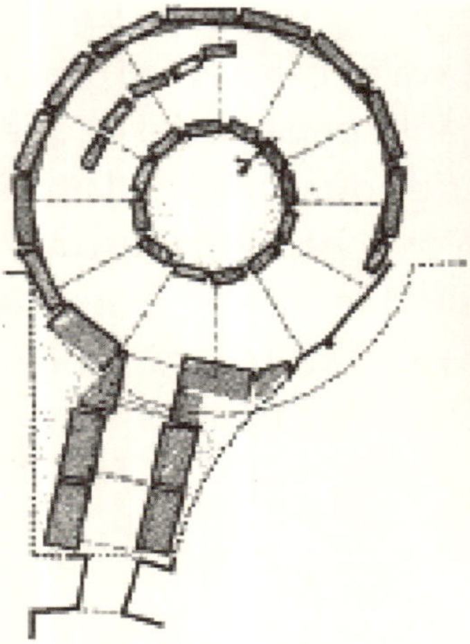

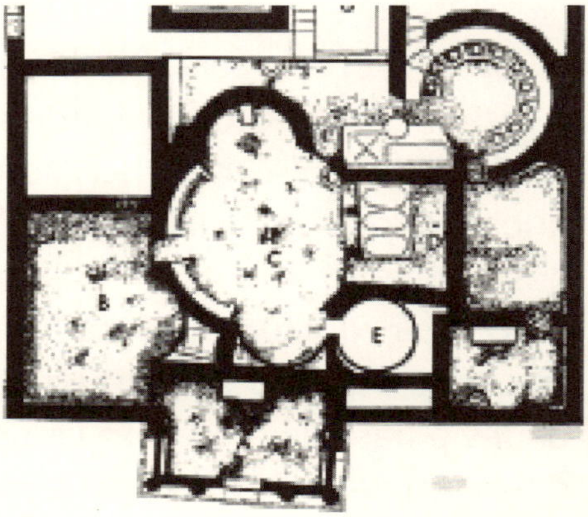

Balneário de Gortys, na Grécia, encontrado em 1952. O hypocaustum consistia de dois círculos concêntricos de pedra que apoiavam as placas de pedras do piso. É a sala circular assinalada (E) na planta baixa. Fotos do livro Balaneutiké de René Ginouvése.

apoiadas sobre colunas de pedras circulares ou quadradas, sobrepostas. Havia uma fornalha numa das laterais da construção e os gases quentes da queima do carvão ou lenha passavam por baixo dos pisos e subiam por dutos localizados nas paredes. A temperatura era regulada pela abertura e fechamento dos canais internos e dutos.

Os ambientes das *balneum* públicas e mais bem equipadas eram os seguintes:

O *frigidarium*, a sala de entrada, fria.

O *apoditerium*, o vestiário, normalmente não aquecido, equipado com bancos e compartimentos para as roupas.

O *tepidarium*, a ante-sala, já aquecida, onde os banhistas esperavam o suficiente para começar a transpirar. Havia também uma banheira ou piscina morna, no mesmo ambiente, o que mantinha o calor úmido.

O *caldarium*, o ambiente quente e úmido dos *balneum*, com piscina de água quente, aquecida pelo sistema *hipocaustum*.

O *sudatorium* ou *laconinicum*, o ambiente mais quente, que ficava sobre a boca do forno de aquecimento. Era o local mais quente e de calor seco. O piso era mais fino e tão quente que os banhistas precisavam usar tam ancos de madeira, quando não havia estrados de madeira. Era impossível colocar o pé descalço neste piso, sem nenhuma proteção. A temperatura deste ambiente facilmente chegava aos 100° C.

Do *laconicum* ia-se para o *frigidarium*, para o banho frio. À essa fase chamavam de banho grego e se assemelhava muito com a sauna finlandesa. Do banho frio seguiam para o *unctorium*, para a massagem e untura com óleos, onde terminava o banho. Seguiam-se depois para o Apoditerium, para vestir as roupas.

Os Gregos, sem dúvida, foram os criadores dos banhos quentes, com suor, da forma que descrevemos, com o aquecimento por meio do sistema Hipocaustum, tanto dos ambientes como das banheiras e piscinas.

Foram, no entanto, os Romanos que as popularizaram pelo mundo, com a implantação de centenas deles, em todas as cidades e povoados do Império Romano. Trabalhos arqueológicos encontraram exemplos até na Inglaterra, como em Caerwent, Monmouthshire. Uma casa de banho, em uma residência bem equipada, foi descoberta em 1855, datada do tempo de Constantino (306-333 d.C.).

As termas **romanas**

Em cada época da humanidade, as construções mais caras e imponentes eram erguidas para refletir o que era mais importante para a cultura e a sociedade em particular, naquele momento.

O piso elevado do hypocaustum e os dutos nas paredes. Sobre os dutos eram colocadas placas de mármore ou emboço com elementos decorativos.

Na idade média foram erguidas igrejas monumentais e no fim do século 19 foi a vez das grandes estações das estradas de ferro.

Nos dias de hoje erguemos grandiosos campos de esporte, museus e edifícios de escritórios.

Em certa época, os imperadores romanos fizeram construir as termas, que tinham como atividade central os banhos, os esportes e as práticas culturais. As termas romanas reinaram por quase 400 anos.

As primeiras termas foram construídas por Agrippa. O *laconicum* ficou pronto em 25 a.C. e o resto da construção em 19 a.C.

A fim de aumentar a popularidade, vários césares se dedicaram à construção de termas cada vez mais suntuosas e imponentes.

Nero terminou a sua em 64 d.C., Titus no ano 80, Domitianus no ano 95, Trajanus no ano 109, Commodus no ano 185, Caracalla no ano 216, Diocletianus no ano 305 e por último, Constantinus no ano 315.

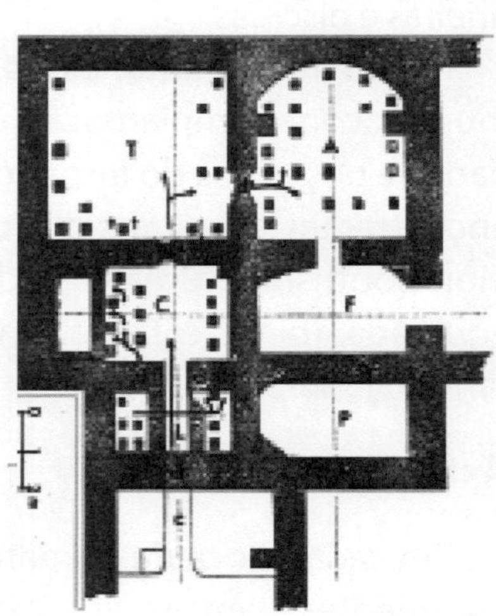

O Balneum de Caerwent.

Quando o general Agrippa, sob o comando de Octavius Augustus, implantou a primeira termas, os banhos a suor já existiam em Roma há mais de 200 anos. Entretanto, foi somente nas termas que esses banhos expandiram o seu propósito.

Os banhos dos gregos eram sempre uma das partes dos ginásios, grandes complexos de esporte e de cultura.

As termas romanas possuíam grandes campos de esporte (*palaestra*), piscinas, parques para passeios, caminhos protegidos por colunas à sombra, onde se podia encontrar amigos e conversar sobre os temas mundiais. As termas tinham bibliotecas, pequenos teatros, espaços para a poesia, música e oratória, salões para jogos com bola, restaurantes, salões de festas, banheiros privativos, acomodações para dormir, tanto para pousar como para encontros íntimos.

As termas tinham água encanada, alimentada pelos enormes aquedutos, que ainda podem ser vistos em Roma. Havia água em abundância.

Grandes salões eram denominados de *frigidarium* ou *tepidarium*, mas os termos adotados só indicavam em parte a real utilização. Certamente havia nas termas muita gente se banhando, praticando esportes, conversando, aprendendo, praticando artes, se alimentando, bebendo, amando e festejando. Essas pessoas necessitavam de uma grande área para estar, conversar, encontrar pessoas e ficar abrigados das chuvas.

As termas eram enormes. A de Caracalla era cercada por um muro de 330 m por 330 m e a construção principal tinha 214 m de comprimento por 114 m de largura.

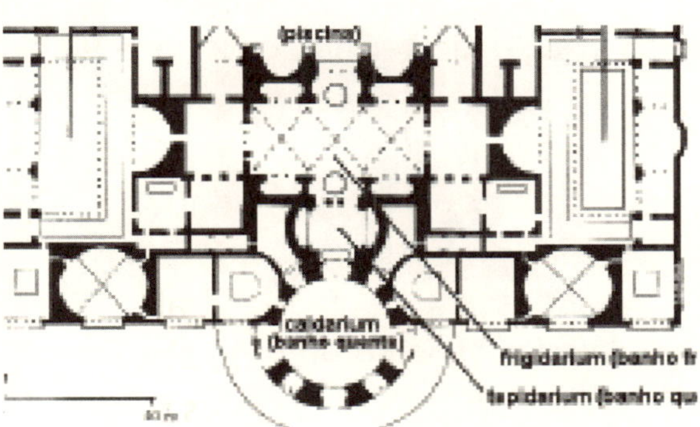

Planta baixa das termas de Caracalla.

Atualmente servem como palco de óperas. Ficaram mundialmente conhecidas após a apresentação dos *Três Tenores*.

Caracalla no seu apogeu podia receber mais de 6.000 visitantes simultaneamente.

As termas de Diocletianus, construídas posteriormente, eram ainda maiores. O muro que os circundava tinha 360 m x 360 m (quase a área de 16 campos de futebol) e a construção era de 240 m x 150 m.

Vista do salão principal em corte, das termas de Diocleciano, segundo a reconstituição de Edmond Paul feita no começo do século 19. O artista desenhou os banhistas vestidos com roupas de banho, mas na realidade todos tomavam banhos nus.

No ano 353 d.C., somente em Roma existiam 856 balneum e adicionalmente várias termas monumentais.

As termas desapareceram com a queda do Império Romano. Os cristãos destruíram as obras de arte que eram consideradas pagãs e os militares bárbaros arrancaram os encanamentos e todas as peças de metal, atrás do zinco, bronze e cobre, para a confecção de armas. Os cristãos, originários das camadas mais humildes da sociedade, não tinham o hábito dos banhos frequentes, como os romanos que frequentavam as termas. A ausência dos encanamentos não foi lamentada. A falta de higiene acabou sendo a causa das grandes pestes que assolaram a Europa.

Atualmente o *tepidarium* das *termas* de Diocletianus é a igreja de Santa Maria degli Angeli. O próprio Michelangelo foi encarregado da reforma e transformação. O *caldarium* das termas de Caracalla serve hoje de palco para apresentações de tenores e óperas. O campo em frente já sem as construções originais, serve para a montagem da platéia.

1.3 Os banhos islâmicos – o hammam

Quando Constantinopla se entregou aos turcos, as termas e *balneum* dos romanos ficaram em mãos de povos mais civilizados que os romanos. Enquanto as termas e os balneum de Roma foram saqueados e destruídos pelos bárbaros, em busca dos metais para a confecção de armas, os turcos as preservavam e reconstruíam, pois já tinham o hábito dos banhos e massagens desde priscas eras. Os banhos a suor dos sírios e gregos já eram conhecidos há centenas de anos.

Os banhos romanos inspiraram os banhos mais modestos do Islam – os *hammans*, mas somente com o apoio e aval de Maomé, por volta de 600 d.C. que os banhos realmente proliferaram pelos países islâmicos.

O *hammam* já não tinha mais algumas das características dos banhos romanos.

A parte cultural deixou de existir, assim como as áreas de esporte a lazer. As construções eram bem mais modestas que as romanas e geralmente estavam anexas às mesquitas.

Os ambientes eram mais sombrios e escuros. O sistema de aquecimento era similar ao dos banhos gregos e romanos. O aquecimento também era feito por baixo dos pisos. Utilizavam o sistema *hipocaustum* e em alguns casos, usavam as águas quentes de suas numerosas fontes naturais.

O *tepidarium* tornou-se uma mera passagem entre o vestiário e o *harara*(quarto quente), havia uma plataforma de mármore octogonal, aquecida onde os banhistas se deitavam, descansavam e eram massageados. Um ambiente menor, adjacente ao harara, substituiu o *laconicum*, onde se tomava banhos a vapor. Essa foi claramente a origem dos banhos a vapor que conhecemos nos dias de hoje, os banhos turcos, que erroneamente chamamos também de *saunas úmidas*.

Nos *hammam* tradicionais, aquecidos por *hipocaustum*, não havia piscinas nem banheiras. Os árabes consideravam os banhos de imersão anti-higiênicos. Utilizavam diversos tipos de vasilhas para jogar água sobre os seus corpos. Não havia o banho frio. Após a sequência de banhos quentes descansavam, enquanto eram servidas bebidas (não alcoólicas, evidentemente) até a temperatura do corpo se normalizar.

Nos *hammam* aquecidos pelas fontes térmicas, chamadas de *kaplica* ou *ilica*, não possuíam a plataforma aquecida e sim uma piscina de água corrente quente e borbulhante. Dessa forma os árabes podiam tomar banho sem imergir na sua própria sujeira.

A limpeza era regulada por leis e os inspetores de polícia verificavam a qualidade das águas e se os *hammam* eram corretamente higienizados.

Os *hammam*, da mesma forma que os banhos romanos, se tornaram locais de encontro social, inicialmente só para os homens e aos poucos, também frequentado pelas senhoras da sociedade. As mulheres consideravam esta oportunidade de socializar tão importante, que a eventual negativa por parte dos maridos podia dar motivo até ao divórcio. Afinal, era praticamente a sua única oportunidade de ter alguma atividade social, já que não podiam frequentar teatros, não podiam dançar nem viajar. As visitas eram demoradas – levavam várias horas. Traziam tapetes, roupas para si e para as crianças e muita comida para o almoço e jantar.

Apesar dos ricos e abastados frequentemente possuírem o seu próprio *hammam*, eles também frequentavam os *hammam* públicos para mostrar à sociedade que eram limpos.

Umas das figuras centrais dos banhos eram os barbeiros que, além da barba cortavam o cabelo, depilavam, massageavam e removiam calos. Os barbeiros eram também os divulgadores de notícias, rumores e boatos.

Atribuía-se aos *hammam* propriedades medicinais, sendo a cura para várias doenças. O *hammam* tinha o apelido de *médico silencioso*.

Com a recomendação de Maomé, o *hammam* também manteve o aspecto religioso, sendo considerado um lugar para se redimir religiosamente e encontrar Allah.

Os ambientes eram suntuosos e muito decorados.

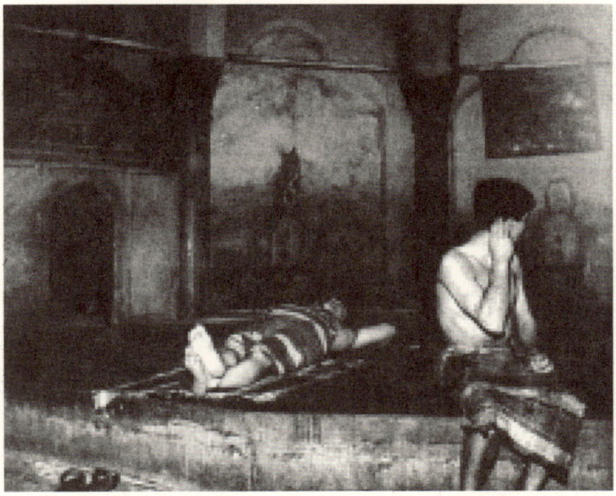

No centro da Harara geralmente há um pedestal de pedra, octogonal, onde os banhistas se aquecem. O calor é fornecido pelos gases quentes que passam por baixo do piso e pelas paredes.

O hamman das mulheres, segundo os manuscritos turcos Zanan-name-meh, de Fazil. Reparem na altura dos tamancos, para proteger os pés do calor emanando do piso. Biblioteca da Universidade de Istambul.

Banho Turco-Romano em Jermy Street, Londres. Illustrated London News, 1862.

Em meados do século 19 começou o declínio dos *hammam*. Os poderosos retiraram o suporte financeiro. Os ornamentos, tapeçarias foram retirados ou não substituídos. O custo de operação e manutenção tornou-se proibitivo. O consumo de lenha era enorme e ficou muito caro. Os banhos gregos, romanos e muçulmanos foram em grande parte responsáveis pela extinção de grandes florestas.

Apesar do declínio, ainda podemos encontrar *hammans* no Irã, Ásia e no norte da África.

Especialistas acreditam que os *hammam* não deverão desaparecer totalmente, pelo fato de fazerem parte dos costumes religiosos muçulmanos.

1.4 O temascal da América central

Quando os espanhóis chegaram a América, encontraram os astecas e maias praticando costumes de higiene, muito superiores aos seus. Banhavam-se nos rios, várias vezes ao dia. Tomavam o banho de *temascal* (ou *tuh* para algumas tribos maias da Guatemala) algumas vezes por semana.

O temazcal e seu forno, com as pedras, conforme aparece no Codex Nuttal.

Já os espanhóis, que estavam no auge da Inquisição, consideravam que os banhos faziam parte de práticas religiosas não apreciadas pela Igreja Católica, os banhos não eram salutares e eram até pecaminosos.

A Rainha de Aragão se gabava que somente havia tomado dois banhos na vida: o primeiro quando nasceu e o segundo, quando se casou.

Este costume deu também um grande impulso à indústria de perfumes, por motivos óbvios. Os ameríndios diziam que era fácil saber quando um europeu se aproximava. Os nossos cangaceiros passaram a usar perfumes pelo mesmo motivo que os antigos europeus.

Mais tarde, os missionários espanhóis despiram esses banhos dos seus rituais religiosos e passaram a apreciar e documentar os seus benefícios.

Em 1787, o italiano Francesco Clavigero já escrevia que os banhos de *temascal* eram um forte remédio e que podiam ser útil na Europa para a cura do reumatismo.

Um temazcal sendo aquecido, conforme o Codex Maglabechiano.

O banho *temascal* (tema= banho e cali= casa) era muito similar à sauna que hoje conhecemos. De construção rústica, quando feita pelo povo humilde e de construção sofisticada, quando feita pelos religiosos e nobres.

Consistia de dois elementos principais, o ambiente onde se tomava o banho e a fornalha de aquecimento, contígua ao ambiente, dividida por uma parede de pedras, que ficava superaquecida.

O ambiente do banho era, em geral, de baixa altura e a área o suficiente para alojar de 8 a 10 banhistas, agachados ou sentados em bancos de madeira, pedra ou adobe.

A porta era muito baixa. Os banhistas tinham que entrar agachados e a porta era fechada com mantos, para manter o calor.

Os banhistas jogavam água nas pedras superaquecidas, produzindo vapor e aumentando a sensação de calor e a sudação. Usavam também ramalhetes de várias plantas, da mesma forma que o *vihta* dos finlandeses, para se bater e aumentar ainda mais a sensação de calor.

Os banhos eram mistos e sem roupas. Acreditavam inclusive que trazia mau agouro se os banhos fossem somente com homens: as pedras não esquentavam ou perdiam o calor.

As mulheres que haviam dado à luz eram levadas ao *temascal* para se banhar e se purificar, acompanhadas de várias outras mulheres, já experientes. Os banhos aconteciam logo após o parto ou após o término do sangramento. Algumas tinham que ser carregadas, caso desfalecessem durante o banho.

Os descendentes dos maias e dos astecas ainda mantém o costume do *temascal*, mas o significado místico e religioso desapareceu. O *temascal* praticamente não se modificou, desde a

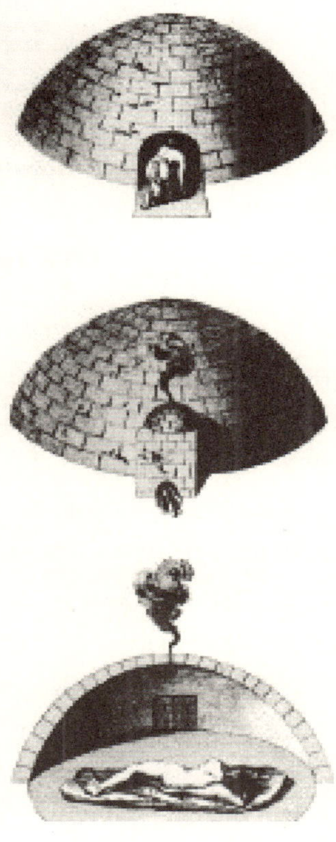

O temazcal, segundo os desenhos de Clavigero, em 1780.

época dos Conquistadores e sua prática continua, de geração em geração, em várias vilas e pequenos povoados da Guatemala e do sul do México.

Um temazcal em foto recente. Revista "Sauna"da Suomensauraseura ry. Foto Sini Paukkunen

1.5 O inipi dos índios Americanos

O *inipi*, ou o *sweat lodge*, como é mais frequentemente conhecido atualmente, é a forma de banho utilizada pelos índios americanos, da nação Lakota, que habitavam o território norte-americano.

O banho é tomado em tendas especiais, geralmente mais baixas e de formato semi-esférico, para o qual são carregadas pedras superaquecidas de fogueiras externas. As pessoas se sentam ao redor do monte de pedras e se joga água sobre as mesmas, com o objetivo de produzir vapor. Em algumas versões, as pedras são aquecidas dentro das próprias tendas.

Esses banhos dos índios Americanos se assemelham muito às saunas finlandesas, especialmente à *savusauna*.

Acreditavam que os banhos tinham vários poderes, além da simples limpeza e higiene. O *inipi* era praticado, por exemplo, antes e depois da pintura do corpo para o ritual da Dança do Sol, para a limpeza e retirada das tintas que cobriam e enfeitavam o corpo dos guerreiros dançarinos.

Acreditavam que algumas seções de *inipi* poderiam curar dores reumáticas e que as sessões de *inipi* poderiam ter efeitos terapêuticos em várias outras doenças.

Os rituais tinham sempre um grande significado purificador e místico. Eram usados para conseguir uma purificação da alma, após a pessoa ter matado alguém ou tocado num corpo de um defunto. Faziam parte também dos rituais marciais: preparavam os guerreiros para o caminho da guerra, sagravam as armas que seriam usadas e eram preparados e abençoados para o roubo de cavalos. Era realmente uma grande ferramenta motivacional, usada para impulsionar os guerreiros para as batalhas!

O sweat lodge com a cobertura levantada (1898). Denver Museum of Natural History. Foto de Jesse Hastings Bratley.

Um sweat lodge feito de terra, galhos e folhas. BAE GN 2890B55, Smithsonian Institution, National Anthropological Archives.

O sweat lodge dos índios Siox. Museum of the American Indian.

Após o descobrimento da América e durante os primeiros séculos posteriores, havia uma real aversão a qualquer tipo de banho. As cerimônias nos *sweat lodges* eram consideradas como costumes não salutares, selvagens e até rotulados como instrumentos do demônio.

Os *sweat lodges* quase desapareceram devido à desaprovação oficial do governo Americano, que ocorreu desde o inicio do século 19 até meados do século 20.

Como em vários casos do mundo, os conquistadores e missionários que chegavam da Europa, acabavam dando valor aos efeitos higiênicos dos banhos e tentaram eliminar as dimensões religiosas que eram praticadas pelos nativos, substituindo pelos seus rituais e crenças importadas.

Nos dias de hoje, o *sweat lodge* ressurge cada vez mais como uma cerimônia indígena Americana, que precisa ser preservada.

Ela ultrapassou os limites das tribos Lakota, sendo adotada por outros indivíduos que procuram a iluminação espiritual e a integridade ecológica através dos rituais dos nativos americanos.

1.6 A bania dos russos

Os banhos tradicionais russos incluíam várias versões de banhos a suor, talvez devido à vastidão do país, às diversas culturas que constituíam o seu povo e à proximidade dessas regiões e seus habitantes com as diversas culturas vizinhas.

A bania russa, segundo Abbé Chappe, em "Voyage em Siberie"1761

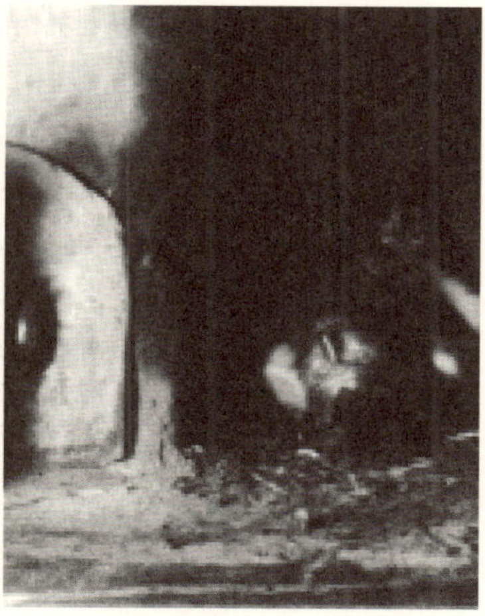

O banhista aproveitando o calor remanescente do forno de cozinha para transpirar. Norte da Rússia, 1916. Foto de A. O. Väisänen. Museovirasto, Finlândia.

Algumas *banias* russas eram similares às saunas finlandesas, principalmente as que existiam e existem até hoje, nas mesmas latitudes e climas da Finlândia. Os povos que lá habitavam tinham as mesmas dificuldades e soluções similares para resolver os seus problemas. A evolução e criação do kiuas russo, o kamenka deve ter sido similar ao da sauna finlandesa que será discutida posteriormente neste livro.

As banias do noroeste da Rússia eram conhecidas também como as banias negras e são as mais similares às saunas finlandesas do tipo savusauna,

Nas grandes cidades, as banias eram conhecidas como banias brancas e eram geralmente construídas de alvenaria. A temperatura média girava em torno dos 40° a 50°C. A sensação de calor mais alto era conseguida jogando-se muita água nas pedras quentes. O vapor de água gerado, encontrando essas temperaturas mais baixas, se condensa em forma de nevoa quente e enche o ambiente. Desta forma os ambientes se enchiam de vapor da água em condensação e os visitantes de outros países as consideravam como banhos a vapor.

Foram encontradas ruínas de banhos quentes, com o sistema grecoromano de aquecimento, principalmente ao sul da Rússia e algumas ao norte. O calor era gerado por meio de um *hipocaustum*, que aquecia os diversos ambientes da *bania*.

Essas ruínas datam dos anos 1000 a 1200.

Por razões óbvias, ruínas de *banias* convencionais são mais raras, já que as construções eram de madeira que se decompõem sem deixar muitos vestígios. Mesmo assim alguns vestígios de *banias* de troncos de madeira foram encontrados na região de Moscou, originários do século XV e que se assemelhavam muito com as saunas finlandesas da época.

No interior da Rússia e próximo à Carélia, onde nasceu a minha mãe, havia o costume também de usar o calor remanescente dos fornos a lenha, após a sua utilização na culinária. Assim que a temperatura havia baixado o suficiente, os banhistas se apressavam, forravam o piso do forno com capim e tapetes e lá entravam, para aproveitar o calor residual.

Existe uma quantidade enorme de registros históricos das *banias* russas. Essa informação é muitas vezes superior à informação existente sobre as saunas finlandesas.

Não deve ter existido na Rússia um só povoado ou cidade que não tivesse pelo menos uma *bania*.

A *bania* fazia parte da cultura e dos costumes dos povos russos de várias formas.

Acreditavam que a *bania* era o refúgio de um ente espiritual, geralmente ligado aos maus espíritos, denominado *bannik*. Morava atrás do *kamenka* ou por baixo das bancadas da *bania* e se manifestava violentamente quando estava zangado ou quando alguém se comportava desrespeitosamente. Não era recomendável nem mentir e nem se gabar dentro da *bania*. Relações sexuais então, nem pensar.

Existia todo um ritual ao entrar e sair da *bania* para não irritar o bannik. Como o *bannik* gostava de se banhar, a *bania* devia ser aquecida regularmente e mantida limpa.

Era possível se encontrar com o *bannik*, o que devia ser feito só, sem acompanhamento e depois de todos terem tomado o seu banho. A pessoa ficava lá sentada e ouvia a manifestação do *bannik*. Realmente a *bania* devia ranger bastante, quando a estrutura de madeira se acomodava às temperaturas mais baixas.

Devia ser assustador.

Os atributos mágicos das *banias* se estendiam aos vários outros momentos da vida dos russos. Os partos eram quase sempre realizados nas *banias* e as parteiras eram encarregadas de fazer todo um ritual de forma a afastar o *bannik* e impedir a sua influencia maléfica. Há registros de que a nobreza e a família real se utilizavam das *banias* para os partos. A *bania* fazia parte também dos rituais dos casamentos que começavam já no dia anterior. Os noivos tomavam os seus banhos separados e os convidados do lado de fora, atiravam pedras e cerâmicas nas paredes para espantar o *bannik*.

A *bania* era tão importante para a noiva, que os campesinos que não possuíam a sua *bania* usavam o forno da cozinha. A noiva entrava, a porta era fechada enquanto ela transpirava e se banhava. A *bania* acompanhava os russos até o seu enterro.

O caixão era provido de folhas e galhos de bétula que serviriam para o falecido tomar *banias*, na vida após a morte. Os presentes no funeral tomavam uma *bania* juntos para assegurar que a alma querida que havia partido, seria aquecida na sua viagem ao além.

O aspecto saudável dos russos era em grande parte creditado à prática da *bania*. Na Rússia, a transpiração e saúde eram e ainda são sinônimos, principalmente nas vilas do interior, onde a reputação benéfica à saúde permanece. Os doentes tomavam a sua *bania* para curar quase todas as doenças. A crença nos efeitos benéficos era tão forte que até os moribundos eram metidos nos fornos, após a confecção dos pães para a sua *bania*. Como esses inválidos nem sempre conseguiam reclamar do calor excessivo, muitos assim morreram literalmente cozidos.

Os povoados russos ainda hoje continuam com a tradição da *bania*. Hoje, com certeza, devem existir mais *banias* na Rússia do que saunas na Finlândia.

Ainda existem *banias* públicas nas cidades russas, entretanto há reclamações de que novas *banias* não são construídas desde a Segunda Guerra Mundial e que as existentes não são bem mantidas. A divulgação da *bania* na Europa e nas Américas realmente não aconteceu, talvez devido ao longo afastamento dessas culturas, da guerra fria, dos sistemas políticos e econômicos diferentes e distanciados.

Pouca gente hoje conhece o termo *bania*, fora da Rússia.

1.7 Os banhos japoneses

A cultura dos banhos no Japão é milenar e o costume de se banhar sempre foi mais popular do que entre os povos ocidentais. Enquanto os europeus tomavam banho a cada dois meses em média, os japoneses se banhavam diariamente. Esta diferença cultural foi bem ressaltada no livro Shogun, de James Clavell. Uma das passagens marcantes é quando o Anjin, o ingles Blackthorne, toma o seu primeiro banho em Anjiro. Devido à falta de hábitos de higiene, os europeus eram considerados verdadeiros bárbaros pelos japoneses.

O banho japonês mais conhecido hoje é o *ofurô*, que é um banho de imersão em água quente, entre 38°C e 42°C.

No passado, vários tipos de banhos a suor eram praticados e todos eles sob a designação de Mushi-buro (banhos a vapor):

- Kama-buro, banho em fornos.
- Ishi-buro, feito em cavernas especialmente escavadas em rocha sólida.
- Kara-buro, banho a vapor.
- Todana-buro, banho em estantes (bancadas).
- Zakuroguchi-buro, Ita-buro, Ana-buro, etc.

Vários desses banhos hoje são desconhecidos pela maioria dos japoneses, mas demonstram a presença dos banhos na cultura japonesa, a sua criatividade e a necessidade de praticar algum tipo de ritual de limpeza.

Talvez o mais famosos tenha sido o *kama-buro*, ainda encontrado em poucos lugares, na cidade de Kioto. O livro de Mikkel Aland, *Sweat*, reproduz a descrição do banho, datada de 1300 anos atrás:

> "Para aquecer o *kama-buro*, os serviçais fazem uma pilha de madeira de pinho no centro do piso. A fogo é aceso e deixado queimar enquanto o banhista desejar. O fogo é apagado e as brasas retiradas. Então, após a eliminação da fumaça, uma esteira de palha é salpicada de água salgada e colocada no chão, como o lugar para sentar. Depois de sentar durante algum tempo, o corpo inteiro se aquece e parece uma jóia reluzente, à medida que o suor começa a brotar. É um tipo de banho a vapor. O *kama-buro* tem um efeito benéfico em feridas, assim como em problemas de pele, estômago, artrite e reumatismo."

Há muitos séculos existiu um banho muito similar à sauna finlandesa, o Makuranososhi. Era também baseado no aquecimento de pedras que geravam vapor, quando a água era jogada sobre as mesmas. As pessoas sentavam em esteiras, ao redor das pedras.

Os antigos banhos japoneses a suor praticamente desapareceram e foram substituídos pelas saunas de estilo finlandês. Os banhos mais populares continuam sendo os banhos de água quente, os ofurôs.

1.8 Outros banhos

A Irlanda tinha também o seu banho a suor, segundo alguns autores, desde a época do bronze. Era denominada de *ty falluis*.

Consistia de uma grande cabana, feita de pedras empilhadas umas sobre as outras, coberta de terra e musgo, com um cômodo interior de 2 a 3 metros quadrados, e com uma altura de aproximadamente 1,5 metros. O ambiente era preenchido com lenha, palha e turfa e o fogo era ascendido. O aquecimento durava dois dias e depois as brasas e cinzas eram retiradas. O piso era coberto com turfa fresca ou capim, para permitir que as pessoas conseguissem pisar. A porta era fechada com uma coberta e as pessoas ficavam no escuro, tomando o cuidado de não encostar-se às pedras e se queimar.

Alguns autores atribuem a sua origem aos vikings que lá estiveram, mas possivelmente os próprios Irlandeses o criaram, incentivados pelo clima frio.

Estes banhos já não existem. Desapareceram já no século 19.

A Suécia também sempre foi uma terra de saunas, aos moldes da sauna finlandesa. É das poucas culturas que tem uma palavra própria, em sueco, para a sauna, o *bastu*.

A Suécia também usou no passado uma sauna feita de pedras, similar à encontrada na Irlanda. Será então que realmente os vikings levaram este costume para a Irlanda? Fica a pergunta. A diferença é que os suecos tinham o seu *kiuas* de pedras, como aquecedor do ambiente.

2

AS ORIGENS DA SAUNA

Alguns fatos que antecederam a criação da sauna, e sua cronologia:

- O Homo Sapiens se originou na África há cerca de 150.000 anos atrás. Somos todos Afro-descendentes.
- Há 100.000 anos atrás o homem já tinha pleno conhecimento de como acender o fogo e controlá-lo.
- O Homo Sapiens se estabeleceu na Europa pela primeira vez, entre 35.000 a.C. e 40.000 a.C.

Um período de frio extremo forçou a população a se retirar para o sul entre os anos de 20.000 a.C. e 16.000 a.C.

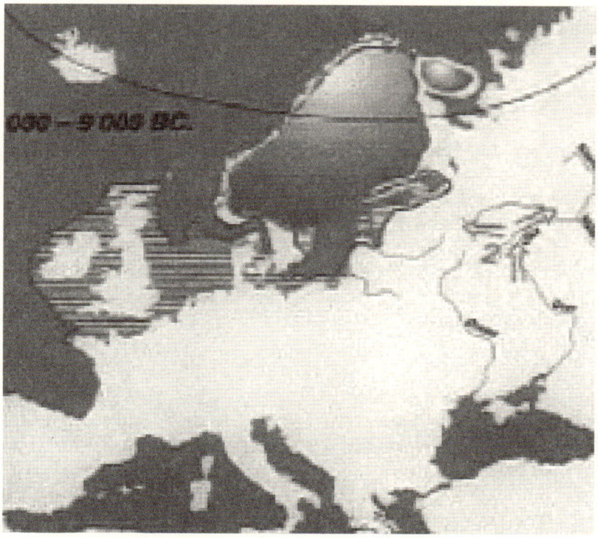

Mapao Virtual Finland, por Pentti Nuortimo. Ministério das Relações Exteriores da Finlândia.

Após essa queda brusca de temperatura, o clima lentamente começou a ficar mais ameno, permitindo que os colonizadores retornassem às regiões que eles haviam abandonado há milhares de anos.

Restou uma grossa geleira que cobria a Noruega (exceto a costa Norueguesa), Suécia e a Finlândia. A Era Glacial teve um término relativamente brusco aproximadamente em 9.500 a.C. Há estimativas de cientistas que indicam uma elevação de 7°C num intervalo de algumas dezenas de anos. O remanescente da grande geleira desapareceu no intervalo de 1.000 anos.

Após a eliminação da capa glacial que cobria a região, grandes transformações começaram a se processar. As tundras que beiravam as margens das geleiras foram se transformando em florestas, os alces apareceram para substituir as renas selvagens que lá anteriormente perambulavam e o homem chegou.

O norte da Escandinávia, inclusive da Finlândia, foi inicialmente povoada por uma migração dos europeus que já habitavam a costa norueguesa entre os anos 8500 a.C. e 6.000 a.C. Outras levas se seguiram de regiões da Europa Ocidental, imigrando cada vez para mais ao norte, à medida que a capa de gelo se retraía. É interessante observar que o homem sempre insistiu em habitar essas regiões ainda que muito geladas no inverno, à medida que as capas de gelo foram desaparecendo.

Os primeiros habitantes viviam quase que exclusivamente da caça e pesca. Os invernos eram longos e certamente mais frios do que os invernos atuais. Ferramentas não existiam a não ser as feitas de pedra lascada e pedaços de ossos. As construções primitivas eram muito efêmeras. Barracas construídas de pele, casca de bétula, galhos, musgo, terra. A maioria das habitações consistia de buracos escavados no chão, cobertos e forrados com galhos, musgo, couro e terra – o que havia disponível.

Os abrigos dos primeiros finlandeses.

Na Finlândia não havia cavernas nem montanhas que permitissem a habitação dos humanos e sua proteção dos rigores do inverno.

Quem não tivesse um abrigo, um buraco para se abrigar, quando o vento cortava a algumas dezenas de graus abaixo de zero, simplesmente não sobrevivia. E nesse buraco faziam também sua fogueira para aquecer e assar a caça.

Escavações comprovaram que numa certa posição desta cova o piso era forrado de pedras, e geralmente havia uma valeta, também forrada de pedras, onde o fogo era aceso e mantido. As brasas eram mantidas acesas de um dia para o outro, cobertas por cinzas, para permitir reavivar o fogo no dia seguinte, pois acender o fogo do zero novamente exigia muita perícia e trabalho (quem viu o filme *O náufrago*, entende bem essa dificuldade).

Essa valeta era coberta com um monte de pedras, com o objetivo de armazenar calor, para manter a habitação quente, mesmo após o término do fogo. Alguns faziam uma fogueira do lado de fora, para esquentar as pedras e as traziam para as covas, para servir de aquecedor.

Esse monte de pedras aquecido (o primeiro *kiuas*), era usado então para muitas funções: cozinhar, aquecer, defumar, secar, etc.

Podemos imaginar então o que sucedeu:

Alguém derramou água por acidente sobre as pedras e o ambiente ficou muito quente. O *löyly* foi criado.

Várias lendas e versões existem de como este acidente ocorreu. Uns dizem que teria sido uma ponta de lança que rasgou uma bolsa de couro cheio de água, pendurada sobre o *kiuas*. Outros dizem que foi uma esposa furiosa com o marido que teria jogado uma cerâmica cheia de água que se quebrou e molhou as pedras, produzindo vapor.

De uma forma ou outra, a sauna deve ter sido descoberta por acidente, assim como a penicilina e a aplicação do titânio para base de implantação de dentes. E esse acidente deve ter se repetido em vários pontos da Finlândia e do norte da Europa.

As roupas foram retiradas e os moradores suaram a vontade! Perceberam que o suor eliminava o cascão de sujeira que se acumulava durante o inverno. Devem ter se esfregado na neve, para se refrescar.

O *kiuas* passou a ser usado nas construções feitas sobre a terra, nas tendas construídas de galhos e cobertas com os mais diversos materiais (kotasauna).

Estima-se que somente após 600 d.C. a 800 d.C. é que se iniciou a construção de residências e saunas com paredes feitas de troncos de árvores encaixadas, as denominadas de *log houses* pelos povos de língua inglesa.

Há muita divergência quanto à data de criação das primeiras saunas. Argumenta-se que as saunas já foram criadas pelos povos do noroeste europeu, já antes do afastamento da capa de gelo que cobria a Escandinávia.

Autores como Eero Välikangas estimam que o *löyly* foi criado há 20.000 anos e *kiuas* para fins de banho, a sauna primitiva, há 10.000 anos atrás.

Os finlandeses abrem mão da honra de ter criado os banhos a suor. Dividem este mérito com vários outros povos, dos quais importaram várias influências, mas não abrem mão de terem sido os criadores e aperfeiçoadores da autêntica sauna finlandesa.

3

SAUNA E GUERRA

A sauna sempre foi um elemento tão forte da cultura finlandesa, que nem mesmo durante a Segunda Guerra Mundial, na frente de batalha, o costume era posto de lado. Muito pelo contrário: era a forma de se esquecer por alguns momentos as durezas da guerra, a saudade dos próximos e perigo de morte. A construção da sauna ajudava a manter a moral do grupo, a formar o sentimento de time e a reforçar a esperança de que em algum momento toda aquela desgraça iria terminar e todos voltariam para os seus lares.

As saunas eram construídas enterradas a algumas centenas de metros das linhas de frente e na superfície, quando atrás das primeiras tropas finlandesas.

Segue o depoimento de um oficial finlandês (Alpo Reinikainen) à revista *Sauna* da *Suomen Saunaseura ry*. O desenho é do próprio e as fotos são de meu pai, Martti Aaltonen, que atuou como oficial fotógrafo no fronte da Segunda Guerra Mundial, na Finlândia. A foto não é do evento descrito no texto, mas sim de um momento similar, em um ponto qualquer do front, na mesma época e ilustra bem a situação.

Os homens do meu batalhão me perguntaram se iríamos ficar naquela posição o tempo suficiente para construir uma sauna. A resposta quase sempre era positiva.

Um pequeno córrego descia por uma estreita grota. O inimigo estava a um quilômetro. Era um bom lugar para a sauna. Designei um grupo de trabalho. Cinco homens começaram a erguer o aquecedor à lenha da sauna (*kiuas*) e uns dez homens se puseram a derrubar árvores para formar as paredes de troncos.

Após meia hora, um fogo de lenha já esquentava as primeiras pedras. Durante a queima da lenha, mais pedras eram colocadas sobre as pedras e nas laterais, de forma que rapidamente tínhamos um *kiuas* da altura do nosso peito.

Em alguns momentos o fogo tomava todo o *kiuas*, queimando os restos de relva, musgo e terra que ainda ficaram agarrados nas pedras. Depois de uma hora, as paredes da sauna já alcançavam os nossos ombros. Para as paredes serviam todos os tipos de troncos de árvores disponíveis, que eram descascados, retificados e os encaixes eram esculpidos. As únicas ferramentas eram pás, machados e as facas, é claro. Os homens eram do interior e todos, naquela época, eram exímios lenhadores e carpinteiros."

As bancadas eram encaixadas entre os troncos na parede de traz e acima do *kiuas* era construído um varal de galhos, para a eliminação de piolhos das fardas. Uma das paredes tinha uma pequena janela e por traz das bancadas, uma portinhola de ventilação.

Notar a escada usada para subir às bancadas, o kiuas de pedra e as roupas secando nos varais.

O teto era feito também de troncos, cobertos com galhos, tiras de cascas de pinheiros e terra. A construção era camuflada com galhos sobre o teto e paredes. Quando a construção estava pronta, as pedras do *kiuas* já estavam vermelhas e as brasas restantes eram retiradas pela porta. Jogava-se água sobre as pedras, para retirar os restos de cinzas.

Três horas e meia haviam decorrido desde o momento em que se decidiu construir a sauna.

Como porta, penduraram-se dois pesados mantos de inverno de soldados russos que convenientemente surgiram (só os mantos) trazidos por algum soldado da frente de batalha.

Caixas de fuzis e caixas de munição vazias de madeira serviam de baldes e barricas de água. A tampa de cantil servia para jogar água nas pedras aquecidas.

Os ramalhetes (*vihta* ou *vasta)*, que normalmente são feitos de ramos tenros de bétula ou de outras folhagens, no inverno da guerra tiveram que ser improvisados de galhos de pinheiros, já que as folhas das demais árvores haviam caído. Depois de um pouco amaciados sobre as pedras aquecidas do *kiuas*, bem que serviam para bater nas costas dos guerreiros.

Os varais para extermínio de piolhos cumpriam com a sua função, já até durante o aquecimento das pedras. Quando o estalar dos piolhos terminava, era a hora de trocar a leva de roupas do varal e colocar outras. O piolho resiste à água e ao congelamento, mas morre quando seu corpo explode, ao ser aquecido.

Sentado no calor das bancadas da sauna, a guerra parecia distante. A paz, o lar, a juventude, a infância, surgiam nos pensamentos.

Os sons da guerra lá fora, o trepidar do ar, os tremores do terreno eram atenuados pelas paredes de troncos de madeira, musgos e galhos. O som mortal das metralhadoras mais lembrava o bater dos pica-paus nos pinheiros de nossa casa distante.

A sauna acolhia os homens tensos e sem dormir há dias nos seus braços aquecidos, cheios de agradáveis odores curativos das matas.

Fiiii.... Uhkr... rets.....

Corri para ver! Um obus de canhão de seis polegadas havia acertado o córrego na parte mais baixa, a uns 20 metros de distância. Produziu uma cratera de uns 3 metros de diâmetro, que começou a se encher de água. Um homem nu estava em pé no córrego e se limpava da lama e fuligem. Uma nuvem negra, da explosão, ainda pairava sobre o local. As cercanias estavam destroçadas e negras de fuligem.

Estás ferido? perguntei.

Até que não! – e agora temos uma boa piscina!

O sangue escorria pelo antebraço. O homem saiu do córrego. Pegou a sua metralhadora que havia deixado pendurada num galho. Destravou e disparou uma rajada. Estava em ordem.

– Eu não havia ainda estado na sauna com um tempo tão miserável!..., balbuciava sozinho. Olhou o antebraço e sorriu.

Era um homem de sauna.

Sauna no fronte. Segunda Guerra Mundial. Finlândia. Foto Martti Aaltonen.

Filmagem da sauna no fronte. Segunda Guerra Mundial. Finlândia. Foto Martti Aaltonen.

4

A SAUNA NO BRASIL

Frequentemente sou interpelado por amigos e conhecidos com a pergunta:

— O que é melhor, a sauna seca ou a sauna úmida?

Convencionou-se classificar assim os banhos aqui existentes e conhecidos.

Os banhos mais populares no Brasil, até meados do século 20, não eram as saunas e sim os banhos chamados de banhos turcos, a vapor. Foram implantados geralmente em hotéis de luxo, por especialistas que vinham do exterior ou por construtores e curiosos que, de alguma forma, conseguiam elaborar geradores de vapor e quartos para o banho.

Devido à popularidade mundial do termo sauna, este banho a vapor passou a ser conhecido também como a "sauna úmida".

Alguns hotéis implantaram também na mesma época algumas saunas para uso de seus hóspedes e também de uma forma bem rudimentar, aquecidas a eletricidade ou a gás. Estas saunas eram totalmente secas, sem a presença de água no ambiente. A água só estava disponível do lado de fora, nos chuveiros e piscinas. Geralmente eram construídas usando madeira escura como cedro, peroba, etc., que ainda se escurece mais, com o passar do tempo. Poucos tinham janelas ou ventilação e pareciam mais uns grandes fornos para esquentar gente. Devido às deficiências de projeto construção, o cheiro de mofo era frequente. Realmente dava medo de entrar.

Essas saunas passaram a ser conhecidas como "saunas secas".

Não se tem notícia exata de quando as primeiras saunas finlandesas foram construídas no Brasil, mas certamente os primeiros imigrantes finlandeses que aqui chegaram, as construíram, assim que aqui se estabeleceram. A primeira leva significativa de imigrantes aqui chegou em 1929 e se estabeleceu em Penedo, naquela época ainda município de Resende e hoje pertencente à Itatiaia, estado do Rio de Janeiro. Foi um grupo de vegetarianos, liderados por Toivo Uuskallio, que ali se estabeleceu, à procura de um paraíso tropical, e para viver do cultivo de frutas e hortaliças e da produção de mudas de plantas. Era um grupo de algumas centenas de finlandeses e neste mesmo ano de 1929, a primeira sauna foi construída para o uso do grupo. À medida que cada colono foi construindo a sua própria moradia, as saunas também eram construídas para o uso da família. As saunas finlandesas floriram então à beira do Rio das Pedras, naquele ambiente paradisíaco de Penedo.

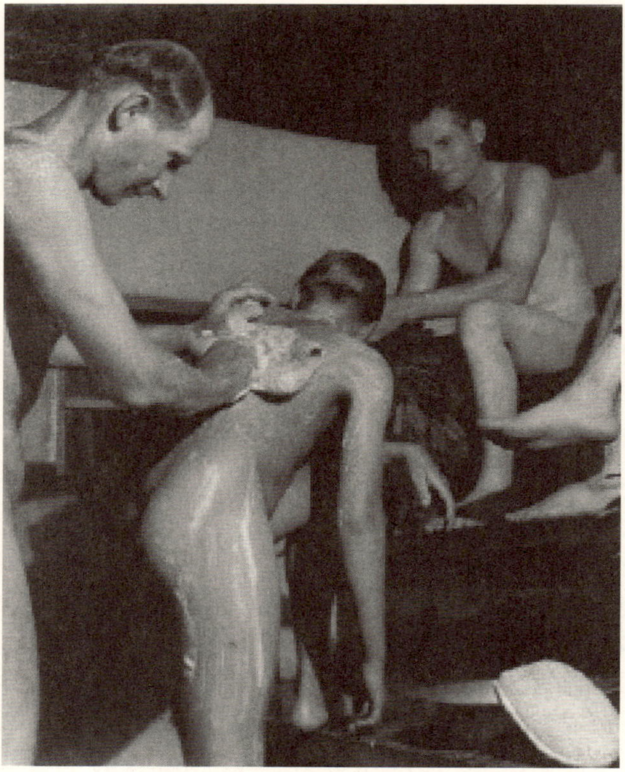

A família Bertell na sua sauna. Penedo, 1951. Foto Martti Aaltonen.

Com o passar do tempo e com a dificuldade de sobreviver da venda de frutas, mudas e hortaliças, as famílias passaram a viver de pequenos hotéis e do artesanato. Cada hotel possuía a sua própria sauna, para uso dos hóspedes. Lembro que no Hotel Bertell, fundado pela família Bertell (dos casais D. Siiri e Sr. Harry Bertell e D. Kaisa e Sr. Godofredo Bertell), tomava-se sauna todas as quintas e sábados. Às 15 horas era o turno das mulheres e às 17 horas o turno dos homens. Para refrescar, saía-se da sauna, enrolado numa toalha, calçado com tamancos de caixeta e se mergulhava no ribeirão.

Como *vihta*, tínhamos os ramalhetes de folhas de eucalipto, como excelentes substitutos das *vihtas* de bétula da Finlândia, e preparados pela manhã pelos jovens descendentes de finlandeses.

Essas *vihtas* de eucalipto, muito agradáveis, exalavam um forte perfume, que era percebido a distância. De longe já se sabia que a sauna estava em funcionamento. As *vihtas* de eucalipto raramente são usadas hoje, mas ficou o costume do perfume de eucalipto, conseguido artificialmente com a ajuda de algumas gotas de essência de eucalipto e água, jogada nas pedras. Hoje o odor do eucalipto está fortemente ligado à limpeza e presente em vários produtos. Talvez a origem dessa associação tenha surgido em Penedo: sauna-eucalipto-limpeza.

Existiam ótimas saunas também no Hotel do Reimann (hoje Hotel Arboretum), na Chácara das Duas (hoje Hotel Pequena Suécia) e na Pousada Penedo, da família Uuskallio.

A primeira sauna pública e saudável de Penedo foi fundada pelo Mauno e seus filhos, o Olavi e Matti Jordan, na Avenida das Mangueiras, perto de onde hoje é o Hotel Restaurante Girassol. Turistas de passagem e moradores do Vale do Paraíba o frequentavam. Hoje já não existe mais.

No Rio de Janeiro, o meu pai Martti Aaltonen e o Igor Gagarin, filho do pintor Príncipe Paulo Gagarin, fundaram a Saunalar no inicio dos anos 60, que passou a fabricar e vender fornos de sauna, elétricos e à lenha.

Sauna Ipanema, Rio de Janeiro. Início dos anos 60. Foto Martti Aaltonen.

O Martti fazia os projetos de fornos e os fabricava e Igor era encarregado da parte comercial e administrativa. Fizeram também projetos e instalações completas de saunas residenciais e para hotéis. Implantaram também duas saunas públicas e saudáveis, uma em Copacabana e outra na Praça Nossa Senhora da Paz, em Ipanema.

Ressalto que essas primeiras saunas públicas ainda eram saudáveis e não tiveram o triste fim das saunas que foram implantadas por todo o Brasil nos anos 70, as famigeradas *Sauna for Men*, frequentadas por homossexuais e prostitutas e que de sauna não tinham nada. O medo das doença sexualmente transmissíveis encarregou-se de praticamente acabar com este tipo de atividade.

Hoje vários hotéis, clubes, residências e prédios residenciais possuem saunas. Várias empresas se dedicam à produção de fornos de sauna e à execução de projetos completos de instalação de saunas no Brasil.

Os banhos a suor, anteriores ao descobrimento

Os primeiros povos indígenas que se instalaram na América do Sul, vieram da América do Norte, provavelmente há 12.000 anos atrás e ocuparam todo o continente, vivendo da caça e da pesca.

Estes mesmos povos, que anteriormente haviam migrado da Ásia, estabeleceram-se na América do Norte e na América Central e criaram os seus banhos a suor, o *inipi* (ou *sweat lodge*) dos norte-americanos e o *temascal* dos centro-americanos.

Não há registro de quando estes banhos foram criados. Perguntas que ficam:

—Teriam esses banhos sido criados antes da migração dos povos para a América do Sul?

— Em caso positivo, teriam esses povos levado esse conhecimento para a América do Sul?

Até hoje não consegui encontrar evidencias de banhos a suor, entre os índios brasileiros. Estranhamente, a única menção que encontrei, foi num livro finlandês de Martti Vuorenjuuri. Ele menciona que banhos a vapor teriam sido utilizados para fins medicinais em pequenas regiões da América do Sul, nas Guianas, na Argentina e por índios Purís no Brasil.

Provavelmente, se esses banhos realmente existiram, as construções sempre foram muito efêmeras, como todas as construções indígenas e não deixaram vestígios.

É curioso observar que os índios Purís habitavam o vale do Paraíba, principalmente na região que fica hoje entre a cidade de Queluz, no Estado de São Paulo e a cidade de Volta Redonda, no estado do Rio de Janeiro.

Os colonos finlandeses vieram em 1929 e estabeleceram a sua colônia em Penedo, no município de Itatiaia – praticamente no centro da região onde viveram os Purís e ali montaram as primeiras saunas do Brasil!

— Seria muita coincidência, não?!

A região onde habitavam os índios Purís

Saindo da sauna, no fronte da Segunda Guerra. Reparem na placa de identificação no pulso. Foto Martti Aaltonen.

5

O QUE ACONTECE NA SAUNA?

Fatos interessantes sobre a física atmosférica

Antes de entrar nos detalhes de como o nosso corpo reage ao ambiente da sauna, vejamos alguns aspectos da física atmosférica envolvida nestes ambientes quentes e frios a que submeteremos o nosso corpo. Na sauna e nos banhos a vapor presenciamos alguns fenômenos da física atmosférica que não fazem parte do nosso dia a dia e quando acontecem, não prestamos muita atenção.

Como sabemos, a água assume três estados físicos diferentes na natureza: líquido (água), sólido (gelo) e gasoso (vapor de água). O vapor de água é incolor e transparente. Não se percebe a sua presença no ambiente, nem na sauna e nem mesmo no banho turco, o dito banho a vapor. Quando se torna visível, já não é vapor de água e sim uma névoa que consiste de partículas de água, resultantes da condensação do vapor de água.

Quando a água se transforma em vapor de água, por exemplo, no instante em que jogarmos água nas pedras da sauna (o famoso *löyly*), o vapor gerado passa a ocupar um volume 1.700 vezes maior do que a água que a gerou. Uma caneca de água de 50 cm^3 pode gerar então 85 l de vapor de água! Isto é ótimo, pois num primeiro momento, expulsa um certo volume de ar viciado pelas frestas das portas e janelas. O vapor criado vai então se condensando nas superfícies mais frias do que o próprio vapor (por exemplo, na pele dos banhistas) e diminuindo novamente de volume e criando uma pressão negativa que "suga" ar fresco para dentro da sauna. Parte do suor que produzimos se transforma em vapor de água e esta transformação é endotérmica, ou seja, absorve calor e nos refresca. Parte do *löyly* que sai das pedras, em forma de vapor de água, então se condensa na nossa pele. A condensação, por sua vez, é uma reação exotérmica, que emana calor e nos aquece. O termômetro não indica nenhuma alteração, no primeiro instante, já que não ocorre condensação na superfície do bulbo. Dentro de alguns minutos a temperatura indicada pode até diminuir, já que trocamos ar morno da sauna por ar fresco.

A nebulização do vapor de água não acontece nas saunas tradicionais, já que a temperatura está acima dos 70°C – geralmente entre 80°C e 90°C. Esta nebulização ocorre sim nas ditas saunas úmidas ou banhos turcos ou ainda nos banhos a vapor, onde a temperatura é mantida no entorno dos 45°C. O vapor de água gerado é incolor aos 100°C e, ao atingir o ambiente mais frio, se transforma em nevoa. O ambiente, quando mais úmido, dificulta a evaporação e diminui a nossa capacidade de resfriar o corpo pelo suor.

Apesar de já ter pouco a ver com a "física atmosférica" da sauna, é interessante saber também que:

- o vapor de água pode existir também em temperaturas mais baixas, até abaixo de 0°C.
- o vapor de água pode se transformar diretamente em gelo, sem passar pelo estado líquido. Daí a neve, os cristais de gelo nas janelas, no inverno. É a deposição.

O inverso também acontece. O gelo pode se transformar também em vapor de água, sem passar pelo estado líquido. É a sublimação. Ocorre quando a temperatura do gelo é mais alta do que a da atmosfera que a envolve.

O ar com vapor de água é mais leve do que o ar seco.

A pele e a transpiração

A pele humana tem muitas funções e a mais simples delas é a de servir de couro, de invólucro do corpo humano.

Raras vezes nos damos conta de que a nossa pele não é somente um couro fino que nos protege, mas sim um órgão do nosso corpo e um dos mais importantes, só superado em complexidade pelo cérebro.

Tendemos a dar mais atenção ao seu aspecto externo, já que é um dos poucos órgãos que é muito visível. Os nossos cuidados se resumem geralmente ao aspecto da pele e desconhecemos a importância de suas funções.

A pele não *respira*, mas transpira pelos milhões de glândulas sudoríparas que cobrem o nosso corpo.

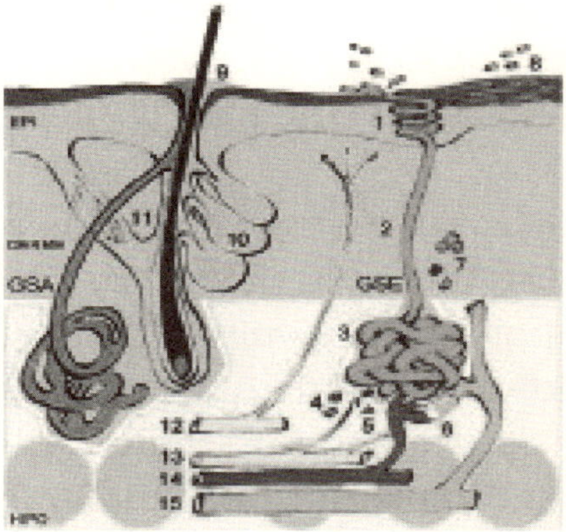

Ilustração: LOR

Glândulas sudoríparas nos humanos. EPI: epiderme; GSA: glândula sudorípara apócrina; GSE: glândula sudorípara écrina; HIPO: hipoderme; 1: porção espiralada do duto; 2: porção reta do duto; 3: porção enovelada do duto da GSE; 4 e 5: acetilcolina outros neurotransmissores e peptídeos vasoativos liberados na terminação nervosa simpática; 6: vascularização da GSE; 7: aldosterona; 8: perspiração insensível por difusão através da derme e epiderme; 9: secreção sebácea; 10: glândula sebácea; 11: músculo liso pilo-eretor; 12: inervação sensorial; 13: inervação simpática; 14: arteríola; 15: vênula. Cortesia da Universidade Federal de Minas Gerais

As glândulas sudoríparas écrinas são a ampla maioria e responsáveis pelo maior volume de suor. Este suor é composto de água, cloreto de sódio e outros sais, sendo praticamente inodoro. O odor é gerado pela proliferação e atividade das bactérias que aparecem e se multiplicam, no intervalo entre os banhos.

As glândulas sudoríparas apócrinas se localizam principalmente nas axilas e em volta da área genital. Estas glândulas produzem um suor que contém, além da água e dos sais, proteínas e lipídios, gerados da associação dessas glândulas com as glândulas sebáceas, que estimulam ainda mais a atividade das bactérias e fungos. Estas glândulas então exalam mais odores e são também ativadas por estímulos emocionais. Acredita-se que os seus odores produzem estimulo sexual.

Temos também glândulas sudoríparas écrinas nas palmas das mãos e nas solas dos pés, que são estimuladas por motivos emocionais. A sua existência deve ser decorrente da necessidade dos nossos antepassados de conseguirem uma pega nas palmas das mãos mais efetiva de tacapes e pedras. O suor na sola dos pés permitia uma melhor tração que era necessária para correr atrás (ou fugir!) de suas caças. Essa faculdade de suar pelas patas é presente também em vários animais, dando-lhes também uma maior *pega* ao correr. Exemplos: os cães, os lobos, etc.

Antes de prosseguir, vamos definir alguns termos:

Transpiração: Sudorese, secreção de suor. Processo ativo das glândulas sudoríparas e só acontece quando necessária.

Perspiração: A perda passiva de água pela pele do nosso corpo.

A perda de água pela pele não cessa em nenhum momento, apesar de não ser percebida. Perspiramos, de forma *invisível*, aproximadamente um litro por dia. Já o volume transpiração varia de indivíduo para indivíduo, sendo que o volume máximo pode chegar a 3,5 l/h, dependendo do indivíduo e da situação em que se encontra (temperatura do ambiente, esforço, etc.). Esse volume de transpiração também depende significativamente do fato da pessoa estar aclimatada ao calor ou acostumada à sauna. O volume de suor de uma pessoa acostumada ao calor pode facilmente ser três vezes maior do que o de uma pessoa não aclimatada. A pele, esse magnífico órgão humano, representa aproximadamente 15% de nosso corpo.

A transpiração tem duas funções básicas, a regulação da temperatura e a remoção de resíduos indesejados ou em excesso no corpo humano. Como um corpo humano reage e suporta as altas temperaturas do ambiente da sauna?

Particularmente eu prefiro a sauna com uma temperatura entre 80°C e 90°C. Quando mais jovem apreciava temperaturas próximas dos 110°C. Meu pai chegou a experimentar uma sauna a 140°C, por alguns minutos (não recomendo).

Como é possível?

O corpo humano retém uma camada de ar, próxima da pele, que não se desloca facilmente. Uma pessoa numa sauna a 90°C, com a pele do corpo à 36°C/ 37°C ou ate a 39°C (que pode ser o caso, após alguns minutos na sauna), mantém uma "camisa "de ar protetora de alguns milímetros, onde a temperatura do ar vai gradualmente da temperatura do corpo até a temperatura do ambiente da sauna. Outra forma de aumentar a temperatura sentida pelo banhista, é usar a Vihta (ramalhete de folhagens de bétula na Finlândia ou de eucalipto no Brasil). Ao batermos com a Vihta no corpo, estamos removendo a camada de ar adjacente à pele e permitindo que o ar da sauna chegue perto do nosso corpo.

Aquecemos então o nosso corpo e aceleramos a transpiração.

O aumento da umidade pelo Löyly gera uma condensação do vapor d'água nas superfícies com temperatura mais baixa que o ambiente da sauna: a pele dos banhistas presentes na sauna.

Como já vimos, a condensação é uma reação exotérmica, gerando calor e aumentando ainda mais a sensação de calor.

Outro efeito presente é que esta condensação do vapor d'água se adiciona ao nosso suor e "aumenta" o volume do mesmo.

Há autores que estimam que esse aumento pode chegar a 50%. Caso o corpo não seja resfriado adequadamente após o banho de sauna, por um banho na piscina ou por uma boa chuveirada de água fria, a transpiração continua e pode até molhar a camisa.

A função reguladora de temperatura

Normalmente o sangue, circulando mais próximo à pele, tem condição de transmitir o seu calor ao meio ambiente, diminuindo a temperatura interna do corpo, mas na sauna a irradiação no sentido do ambiente para o corpo é a que prevalece, pois a temperatura está bem acima da corpórea.

Possuímos um sistema fantástico de proteção e regulação de temperatura que é a transpiração (sudorese) e é este o fenômeno que nos protege. À medida que a temperatura se eleva, o mecanismo da transpiração é ativado e o suor brota da pele, em maior ou menor quantidade, variando de indivíduo para indivíduo e de seu nível de hidratação. Por este motivo, é importante beber água antes e durante os banhos de sauna.

Ao brotar na pele, devido à temperatura elevada da sauna e à baixa umidade relativa, a evaporação se acelera. Algumas pessoas levam mais tempo para suar na sauna, a ponto do suor escorrer pelo corpo. Na realidade a transpiração (sudorese) se inicia quase que imediatamente, entretanto o suor somente fica visível a partir do momento em que a intensidade de transpiração (sudorese) supera a velocidade de evaporação.

Os cientistas Luiz Oswaldo Carneiro Rodrigues e Ana Carolina Vimieiro Gomes, da UFMG, observaram em seu trabalho *Suor e exercício em clima tropical*, que o homem não deveria ser chamado simplesmente de *Homo Sapiens* e sim *Homo Sapiens Sudator* – o Homem Sábio que Transpira. Sendo a evaporação da água uma reação endotérmica, ou seja, um processo que necessita de calor para acontecer, o suor absorve então o calor necessário a essa reação da pele do banhista, da circulação de sangue cutânea e do ar imediatamente adjacente à pele, contribuindo então para esfriar o corpo. Este processo acontece também a temperaturas mais baixas. Havendo a evaporação de água junto à pele, há um resfriamento que é sentido até na temperatura ambiente. É o que sentimos ao sair do banho de chuveiro ou da piscina. Enquanto não nos enxugamos integralmente e, enquanto a água da pele não se evapora totalmente, a sensação refrescante permanece.

Os nossos antepassados já sabiam disso e tiravam proveito da endotermia provocada pela evaporação. Como bom exemplo dessa tecnologia antiga, temos a famosa moringa de barro que, quando úmida na superfície, há um contínuo processo de evaporação, mantendo a água fresca. Uma vez, não resisti à curiosidade e fiz a experiência para comprovar. Enchi uma moringa de barro e uma garrafa de vidro. Dentro de algumas horas, a água da moringa estava cerca de 4°C mais fresca que a água da garrafa. Caso a moringa seja pintada e impermeabilizada, o processo não acontece mais.

Ao ocorrer a evaporação, isto é, a transformação da água do suor em vapor de água, um outro fenômeno incrível acontece e por poucos conhecido.

Cada litro de água transformada em vapor passa a ocupar um volume de aproximadamente 1.700 litros de vapor de água (nem toda a água jogada vira vapor. Parte da água é expulsa pelo vapor de água formado e volta em forma de partículas), à temperatura aproximada de 40°C, que é a temperatura aproximada do suor que a produziu.

Uma pessoa sadia transpira aproximadamente meio litro de suor, durante um banho de sauna, ou seja, produz, lenta e constantemente, durante todo o processo, uns 700 litros de vapor de água, evaporados na pele, que se misturam ao ar próximo à pele, formando e alimentando uma camada de proteção e conforto. Este fenômeno não é evidente, pois o vapor de água é totalmente invisível. O que popularmente conhecemos como vapor, já não é mais vapor e sim o fruto de sua condensação, uma névoa. E esta condensação só ocorre quando o vapor encontra um ambiente ou superfície mais fria, o que não é o caso do vapor emanado do nosso corpo. Quando um banhista sai da sauna no inverno e vai para fora, para um ambiente mais frio, percebe-se uma nuvem de vapor já condensado sendo emanado de seu corpo. O mesmo ocorre também com os esportistas, em dias muito frios, ao terminarem uma atividade na qual muito transpiraram.

Já estamos bastante familiarizados com a terminologia dos meteorologistas que anunciam que uma temperatura é de 10°C, mas que a sensação térmica é de 5°C, por exemplo. É o vento que remove a camada de ar e vapor de água adjacente à pele e provoca uma sensação de mais frio. Se gerarmos um "vento" dentro da sauna, teremos uma alteração da sensação. Um bom sopro, a uns 10 cm de distância, remove parte da camada protetora, a substitui pelo ar ambiente da sauna e provoca a sensação de queimação na pele desprotegida.

A função eliminadora de substâncias tóxicas

Nota: O autor obteve as informações abaixo de publicações mencionadas em sua bibliografia. Algumas das informações mencionadas ainda são contesta-

das e debatidas, (principalmente as referentes à função excretora da pele) sendo que estudos mais profundos estão em curso em vários países.

A pele e os rins dividem e se complementam na função de eliminação de resíduos indesejáveis ou em excesso do nosso organismo. A pele tem a faculdade de eliminar uréia, amônia, aminoácidos e proteínas.

O suor também elimina ácido láctico que endurece os nossos músculos e contribui para a fadiga. Metais tóxicos como o cobre, zinco, chumbo e mercúrio, que são por nós absorvidos nestes ambientes poluídos nos quais vivemos, são eliminados no suor.

Essa capacidade excretora da pele já foi usada até pela indústria de perfumes. Pesquisadores da Universidade Federal do Ceará (UFC) criaram uma pílula para deixar as pessoas cheirosas, sem a ajuda de perfumes ou desodorantes. O produto, quando ingerido, libera um odor de lavanda pelo suor e isso ocorre sem causar danos à saúde. É dito que uma seção de 15 minutos de sauna pode eliminar uma quantidade de metais pesados equivalente ao que seria eliminado pelos nossos rins em 24 horas.

Estudos recentes indicam que a sudorese, comparada à eliminação via urina, apresenta uma excreção 3,75 vezes maior do alumínio, 25 vezes do cadmio, 7 vezes maior do cobalto, e 17 vezes maior do chumbo.

Um subproduto metabólico das proteínas, a uréia, caso não seja eliminada regularmente, pode causar dores de cabeça, náusea, e em casos extremos, vômito, coma e até a morte.

Não deveríamos entupir os nossos poros com óleos, cremes e tinturas, porém tentar eliminar estes costumes, devido à nossa cultura e hábitos, é praticamente impossível. A sauna, aliada a uma leve massagem com uma bucha macia, deixa a nossa pele livre destes produtos e também dos flocos de células de pele ressecada que se acumulam na epiderme (consulte o seu dermatologista). Caso esses obstáculos não sejam removidos, podem entupir os poros de suor e passagens dos óleos naturais e resultar numa pele seca e escamada.

6

SAUNA E SAÚDE

A sauna não evita doenças nem age contra os motivos causadores de doenças, diz o Doutor Ilkka Vuori, do Instituto UKK, de Pesquisa de Saúde, de Tampere, Finlândia.

A sauna não emagrece. Perde-se água devido à sudação intensa, por isso a falsa impressão de que emagreceu. Porém, o corpo absorve água após a sauna, como se fosse uma verdadeira esponja que foi espremida e colocada na água novamente.

A sauna nos traz uma série de benefícios que por sua vez nos ajudam a nos manter saudáveis.

A sudação intensiva provocada pelo calor da sauna, limpa a pele de dentro para fora, eliminando óleos e sujeiras, causadores de infecções e acne. Toxinas são eliminadas das células, devido ao calor e transportadas pelo suor.

A sudação efetua uma profunda limpeza de pele das mulheres, eliminando todos os vestígios de cremes de beleza, talcos e óleos que foram acumulados. O líquido de limpeza comerciais somente removem a camada superficial, deixando ainda sujos os poros e as células superficiais.

A sauna tem ainda um efeito aliviador de estresse. É quase impossível discutir ou ficar zangado durante ou após um banho de sauna. A sauna relaxa a mente e o estresse se evapora. É sabido que o *stress* é desencadeador de várias doenças de pele, estomacais, cardíacas e até causador de problemas de relacionamento.

Há evidências de que o *löyly* (vapor e partículas de água aquecidas, resultantes da água jogada nas pedras) gera também partículas de íons negativos, que ajudam a eliminar os radicais livres produzidos pelo metabolismo do oxigênio.

Selecionei dois textos de eminentes médicos e cientistas finlandeses sobre os efeitos da sauna no ser humano.

SAUNA, SAÚDE E DOENÇA

Prof. Ilkka Vuori

Instituto UKK de Pesquisa de Saúde, Tampere, Finlândia

As pesquisas feitas até este momento, não indicam que a prática da sauna tivesse algum efeito no sentido de evitar ou curar doenças. Entretanto tomar banhos de sauna tem efeitos sem dúvida vantajosos no sentido de melhorar o estado geral da saúde e aliviar alguns sintomas. Estes efeitos são decorrentes do calor e com a ajuda do ambiente psíquico da sauna. A sauna relaxa, ajuda na recuperação de esforços físicos e pode melhorar a qualidade do sono. A sauna atenua as dores e sensibilidades, que surgem nas juntas e músculos, em doenças de curta duração. A sauna também alivia a respiração de asmáticos e de pessoas com doenças pulmonares crônicas assim como os efeitos na pele de psoríase. A sauna é proibida somente em raros casos de doenças.

Podemos ter como regra que se o caminhar normal não ocasiona alterações no seu funcionamento vital, a sauna é permitida.

Dessa forma, a maioria dos doentes cardíacos, doentes com alteração de pressão ou epiléticos pode tomar sauna, mas com moderação (consultem o seu médico – nota do autor!).

Os diabéticos devem ter consciência de que a insulina administrada subcutaneamente é absorvida rapidamente pelo organismo. A sauna não trás perigo às mulheres gestantes ou às crianças.

A sauna é proibida para doentes cardíacos que apresentam sintomas ou alterações de funcionamento em repouso ou submetidos a pequeno esforço. A sauna não é recomendada para pessoas com inflamações pulmonares ou outras inflamações. Não se recomenda também para vítimas recentes de acidentes.

A sauna também não serve para pessoas com doenças de pele contagiosas.

O repouso e resfriamento gradual fazem parte do ritual da sauna finlandesa. Um mergulho rápido na água gelada ou na neve aumenta a probabilidade de alterações no ritmo cardíaco, se a pessoa tem propensões para tal. A prática da sauna, ao qual se inclui uma exposição razoável ao calor e um posterior descanso e resfriamento, relaxa, refresca e provoca até uma agradável sensação eufórica.

Uma prática saudável de sauna é permitida e até recomendada para pessoas doentes.

Um excesso de calor, frio ou bebidas alcoólicas, principalmente em conjunto, apresenta um risco até para pessoas saudáveis.

A SAUNA TONIFICA O CORPO

Erkki Haapanen

Doutor em Medicina

Vários estrangeiros, que nunca estiveram numa sauna, tem receio e tem até medo ao entrarem pela primeira vez numa sauna. Eles se perguntam como irão suportar o calor da sauna. Por outro lado, nós (finlandeses) sabemos muito bem que, apesar das altas leituras do termômetro, o nosso corpo suporta o ambiente da sauna de uma forma surpreendente. Isto se deve ao fato de que, sem percebermos, várias reações acontecem no nosso corpo, motivo pelo qual podemos desfrutar da sauna. Tranquilamente.

Algumas reações começam imediatamente ao entrarmos na sauna e outras com algum retardo. Por outro lado, algumas alterações fisiológicas se normalizam logo após a sauna e outras somente dentro de algumas horas.

O diversificado efeito em cadeia do calor da sauna

O calor da sauna aumenta a temperatura da pele, ocasionando a dilatação das artérias e veias e o fluxo de sangue da pele aumenta. O calor dirigido à pele ativa os nervos periféricos (nervos simpáticos) e coloca todo o sistema nervoso simpático em "estado de alerta", cujos efeitos alcançam todo o nosso corpo, inclusive os nossos órgão internos.

As extremidades dos nervos simpáticos liberam um hormônio chamado noradrenalina, que é um certo tipo de hormônio do estado de alerta. Após dez minutos na sauna, o seu volume no sangue já dobrou. Esta é certamente a reação mais rápida, dirigida a todo o nosso corpo. A noradrenalina provoca em cadeia um aumento de produção de vários outros hormônios. A renina, produzida nas camadas externas dos rins, duplica de volume e a angiotensina, devido ao acréscimo da renina, triplica.

A noradrenalina e a angiotensina contraem todos os vasos sanguíneos e diminuem a circulação sanguínea dos órgãos internos. Até a circulação do sangue nos pulmões diminui.

Devido a essa diminuição de circulação de sangue nos órgãos internos,

o acréscimo de circulação na pele não ocasiona alterações, por exemplo, na circulação do sangue no cérebro.

A quantidade de sangue de retorno ao coração não diminui e não se constata alterações significativas na pressão sanguínea.

Isto acontece em casos normais.

Caso o sistema nervoso interno não reaja de uma forma normal ou caso os vasos sanguíneos não consigam reagir normalmente à noradrenalina, a consequência é a queda brusca de pressão sanguínea, ainda mais sentida quando o banhista está deitado e se levanta. Este fato se manifesta como uma sensação de tontura e pode até ocasionar um desmaio. A tontura desaparece com um chuveiro frio ou deitando.

A transpiração como um eficiente eliminador de calor

A transpiração não começa imediatamente ao subirmos nas bancadas da sauna. O suor aparece somente após a temperatura da pele atingir um certo nível – após uns 8 a 12 minutos. Nos frequentadores de sauna assíduos, a transpiração já começa aos 6 a 7 minutos. Devido ao calor da sauna, o calor absorvido pelo corpo é aproximadamente 10 vezes o calor interno produzido pelo próprio corpo. Para a eliminação do calor excessivo, a transpiração é o melhor remédio. No calor da sauna há a possibilidade de se evaporar no máximo 220 gramas de água, cuja correspondente energia para evaporação é a máxima perda de calor decorrente da transpiração. Caso transpiremos a mais, o suor fica sem evaporar na pele (e escorre – nota do autor) e não contribui para o resfriamento. O volume de suor num banho de sauna varia de 50 a 1.150 gramas, dependendo da temperatura da sauna, da umidade, e do tempo de permanência. Na média a quantidade fica no entorno das 500 gramas.

Apesar do funcionamento dos mecanismos de refrigeração natural do nosso corpo, estes não são suficientes para manter a temperatura em níveis normais. A febre decorrente da sauna fica em media nos 38,2°C, podendo alcançar até 39,2°C. Esta febre é medicada com a ducha ou natação em água fresca. Devese vestir somente após o corpo voltar à sua temperatura normal. Em caso contrario, teremos uma sudação pós sauna e uma sensação muito desagradável. Banhistas com problemas cardíacos ou alterações de pressão sanguínea devem efetuar ainda mais cuidadosamente do resfriamento do seu corpo.

Enfartados ou pessoas que sintam pressões no peito (defeitos nas artérias coronárias) precisam se contentar com um chuveiro morno e ficar sem roupas durante um bom tempo, até que a temperatura do corpo se normalize.

O corpo elimina em média 1,3 gramas de sal, a cada banho

O suor do corpo contém sal, conforme podemos constatar quando o suor escorre à boca. A proporção de sal (Cloreto de Sódio) e água do suor é a mesma do nosso corpo, donde a sudação não altera a concentração de sal do sangue. Como ficamos na sauna somente um breve tempo, o sal expelido no suor não é grande, aproximadamente 1,3 gramas. É uma situação completamente diferente do que viver nas regiões tropicais. É inútil tentar se livrar de sal em excesso com a ajuda da sauna, pois o sal do suor é incipiente e devido à sauna, a absorção de sal na urina diminui significativamente. Isto se deve ao efeito de vários hormônios. Além dos hormônios já mencionados, a eliminação do sal pelos rins é diminuída também devido à aldosterona e cortisona. A sauna aumenta a secreção desses hormônios, mas o efeito chega muito lentamente. O conteúdo máximo de aldosterona e cortisona, cerca de três vezes o normal, somente é alcançado meia hora após o banho de sauna. O conteúdo baixo de sal da urina ainda pode ser observado, 6 horas após a sauna. O volume da urina também permanece baixo, durante essas 6 horas pós banho. Não há razão então, de comer comida salgada, mesmo após uma sessão prolongada de sauna, a pretexto de repor sal perdido durante o banho. O sal expelido com o suor não passa de 1/10 do sal que consumimos nas nossas refeições costumeiras que, comprovadamente já é demasiadamente excessivo e provoca prejuízo à nossa saúde.

Foi constatada também que a sauna provoca a secreção de outros hormônios. Entre outros temos o hormônio de crescimento do cérebro (aivolisäkkeen kasvuhormooni) e a prolactina (o hormônio responsável pela geração do leite materno). É difícil relacionar a geração destes hormônios ao banho de sauna. O aumento da secreção desses hormônios tem sido comprovado em função de diferentes esforços físicos e psíquicos, e especialmente em situações de alto estresse. Como efeito da sauna, o efeito dos hormônios masculinos, da testosterona, também diminui ligeiramente – este efeito também é típico para situações de estresse.

A prática da sauna como treino para as defesas do nosso corpo

Devido às atividades hormonais, o corpo considera a sauna como uma situação de estresse, mesmo que nós não a percebamos assim. A tensão provocada pela alternância de calor e frio, em si, não é ruim. Cada sessão de sauna é um treino que, por um certo tempo, mobiliza as defesas naturais do corpo contra situações de estresse e aumenta a nossa capacidade de enfrentar situações reais de perigo.

Neste momento seria cabível de se questionar se a sauna realmente é necessária, tendo em vista às facilidades modernas que hoje se oferecem para cuidarmos de nossa limpeza. Podemos responder então que a sauna não se presta somente ao banho diário. A grande maioria das pessoas hoje não é mais exposta ao calor e ao frio, saindo de uma residência com acondicionamento de temperatura central e dirigindo um carro nessas mesmas condições ao seu local de trabalho. Nessas condições a sauna ainda é mais importante do que antes, já que mantém a nossa capacidade de reagir às alterações de frio e quente. Constata-se em geral de que a atividade física diminuiu e ficou mais leve e que precisamos de exercícios físicos para evitar que o nosso corpo se atrofie. A manutenção do vigor do nosso corpo precisa tanto da sauna quanto dos exercícios.

Recomendo também a leitura de um extenso trabalho publicado na Revista Brasileira de Medicina do Esporte, de autoria de B. Talebipour, L.O.C. Rodrigues e M. C. V. Moreira com o título: Efeitos da sauna sobre doenças relacionadas com o estilo de vida (vide Bibliografia).

Tomo a liberdade de reproduzir os três últimos tópicos:

RISCO DA SAUNA EM PORTADORES DE DOENÇA CARDÍACA

As contra-indicações claras da sauna são: doenças infecciosas, dor torácica aguda, angina pectoris instável, infarto do miocárdio recente (quatro a seis semanas), insuficiência cardíaca não compensada, estenose aórtica importante, arritmias cardíacas importantes, hipertensão arterial não controlada.

Os efeitos do uso de b-bloqueadores na sauna em indivíduos saudáveis mostram que a pressão arterial diminui significativamente no grupo tratado, em comparação com placebo, mas não foi constatada hipotensão importante. No entanto, foram relatadas reações hipotensivas na sauna em pacientes com hipertensão arterial tratada com b-bloqueador.

Em indivíduos saudáveis com adesivo transdérmico de nitroglicerina, houve aumento na absorção de nitroglicerina, na sauna, e diminuição significativa de pressão arterial diastólica. A combinação do uso de adesivo de nitroglicerina de curta duração de ação e sauna poderia reduzir a pressão arterial diastólica de maneira importante e provocar sintomas de isquemia cardíaca. Os portadores de IC estável (cardiomiopatia dilatada isquêmica e não isquêmica) em tratamento de manutenção com os inibidores da enzima conversora da angiotensina, diuréticos, b-bloqueadores e digital toleram bem a sauna.

Pacientes hipertensos em tratamento com bloqueadores de canal de cálcio e indivíduos não-hipertensos tratados com guanetidina ou captopril suportam bem a sauna. A sauna combinada com o consumo de álcool aumenta o risco de hipotensão em indivíduos saudáveis, mas não parece provocar arritmias cardíacas.

ACLIMATAÇÃO E SAUNA

Os estudos sobre sauna originam-se, principalmente, dos países com clima temperado e frio e são realizados com indivíduos supostamente pouco aclimatados ao calor. Pergunta-se qual seria o efeito da sauna sobre os pacientes aclimatados ao clima tropical. No sentido de responder a essa questão, o primeiro passo foi dado em nosso laboratório ao padronizar o método de estímulo térmico da sauna. Nossos resultados (submetidos à publicação) mostraram que as respostas fisiológicas de indivíduos residentes em regiões tropicais foram semelhantes àquelas encontradas na literatura.

Em resumo, os efeitos sistêmicos da sauna parecem ser exercidos via aumento do débito cardíaco e vasodilatação periférica, aumento do shear stress e melhoria na produção de óxido nítrico via aumento de expressão eNOS, o que resulta na melhoria da função endotelial, o denominador comum encontrado em praticamente todas as doenças cardiovasculares.

CONCLUSÃO

A sauna pode ser considerada como terapia coadjuvante em portadores de hipertensão arterial sistêmica ou insuficiência cardíaca e como método de prevenção contra doenças relacionadas à disfunção endotelial.

A "Experimental Gerontology" de 15.10. 2021, publicou uma serie de estudos e resultados científicos criteriosos sobre a sauna. O título do trabalho é "Sauna use as a lifestyle practice to extend healthspan."

O texto completo pode ser encontrado pelo link:

https://www.sciencedirect.com/science/article/pii/S0531556521002916#s0215.

Sauna e o coração

Vários estudos efetuados na Finlândia comprovaram que não existem contra indicações da sauna para pessoas idosas nem para pacientes cardiovasculares. A sauna finlandesa típica é segura até para pacientes que se recuperaram de enfartes do miocárdio.

Um banho de sauna moderado não carrega o coração mais do que uma vigorosa caminhada.

Pacientes cardíacos devem evitar a imersão em água gelada, pois essa imersão causa uma carga adicional de volume e pressão ao coração e aumenta a possibilidade de arritmias cardíacas.

Como dito anteriormente, vários estudos sugerem que a sauna pode ser uma modalidade terapêutica efetiva para pacientes com doenças cardiovasculares.

Sauna e esporte

"A reconstituição do sistema do ácido lático requer principalmente a remoção do excesso de ácido lático que se acumulou (após o exercício) em todos os líquidos corporais. Isto é especialmente importante, uma vez que o ácido lático produz fadiga extrema." (Guyton)

É dito também que esse excesso de ácido lático remanescente nos músculos e que não é mais eliminado pelo suor produzido durante o exercício, causa as dores musculares após o exercício.

Um banho de sauna após um exercício extenuante como uma corrida, tem o efeito de eliminar o ácido lático ainda remanescente no organismo pelo grande volume de suor produzido. Relaxa o corpo, diminuído significativamente as dores musculares.

Estudos recentes demonstraram que o hábito da sauna pós exercício melhora significativamente a performance de corredores de longa distância.

Tendo em vista que os exercícios extenuantes geralmente implicam em grandes perdas de água do corpo pelo suor, a recomendação da ingestão de água fresca antes e durante o banho de sauna passa a ser ainda mais importante. Uma boa reserva de água no corpo permite uma forte sudação, a consequente eliminação de toxinas e evita a desidratação.

É a água atravessando o nosso corpo e o deixando mais limpo e pronto para novas atividades.

Sauna e bebidas alcoólicas

Pesquisadores da Alko Ltd, companhia estatal finlandesa (organizações similares existem na Suécia, Noruega, Islândia, Canadá e em alguns estados Americanos), encarregada da comercialização de bebidas alcoólicas de conteúdo alcoólico superior a 4,7%, na Finlândia, emitiram um relatório na qual alertam sobre os efeitos negativos da ingestão de grandes quantidades de álcool, antes e durante os banhos de sauna. Apesar dos cientistas observarem que não existem estudos profundos sobre a interatividade da sauna e do álcool na fisiologia humana, algumas observações podem ser feitas:

O álcool pode causar tonturas e desmaios, o que por sua vez pode resultar em queimaduras, contusões na cabeça, e até afogamentos durante a natação (na Finlândia há mais de 400.000 saunas, só na beira de lagos). A ingestão de grandes quantidades de álcool pode afetar a habilidade do corpo em manter a pressão sanguínea.

Uma das mais importantes constatações, que desmistificam a crença de que um banho de sauna seria excelente para curar as ressacas: Tomar sauna durante a ressaca é totalmente contra indicado e perigoso para a saúde humana.

Sauna e a pele

Estudos mostram que o suor intenso pode iniciar um processo de coceira em algumas pessoas que sofram de dermatite atópica. Em outras pessoas, o suor pode iniciar um processo de urticária colinérgica. A sauna em si não provoca o ressecamento da pele, e o uso de sabonete, de esponjas e buchas deve ser feito comedidamente, já que a sudação intensiva é um processo efetivo de limpeza e o suor é solúvel em água. Vários microorganismos existentes na pele são facilmente eliminados pelo calor da sauna. A sauna facilita a remoção da escamação da psoríase. Estudos mostraram que a sauna não teve nenhuma influência, nem positiva, nem negativa em 87,9% de pacientes com psoríase num estudo feito na Alemanha. Em 10,7% dos pacientes a situação melhorou e em 1,4% a situação se agravou.

Sauna e a secreção de hormônios e outros elementos

Como mencionado nos artigos anteriores, a sauna induz alterações de concentração de vários hormônios. Essa alteração é normalizada algumas horas após a sauna. A concentração de beta-endorfina pode também aumentar, resultando numa sensação de prazer em algumas pessoas e numa sensação de desconforto em outras.

Alguns resultados controversos obtidos nos estudos de especialistas finlandeses e especialistas de outros paises são, pelo menos em parte, devidos às diferentes condições de teste.

Como vimos nos estudos mencionados, a reação do corpo humano varia enormemente de pessoa a pessoa. O que para uns é um prazer, para outros é um mal estar. O que para uns traz a cura, o alívio, para outros pode agravar a situação. Uma coisa é certa: para a maioria das pessoas a sauna é um prazer, um alívio.

Um médico disse certa vez que estatisticamente morrem menos pessoas doentes em saunas do que fora delas. É compreensível: as pessoas doentes normalmente não vão nem devem ir à sauna!

Caso uma pessoa nunca tenha tomado um banho de sauna, é sempre recomendável perguntar ao seu médico se existe algum motivo que desaconselhe tomar uma sauna.

Os primeiros banhos também não devem ser nem muito quentes, nem muito prolongados e devem-se evitar os grandes choques térmicos. O banho de sauna nunca deve ser uma competição para ver quem aguenta mais calor ou mais tempo dentro da sauna. O nosso corpo nos dá a sinalização de quando sair do calor e tomar um chuveiro ou repousar.

Tomar um banho de sauna deve sempre ser um evento agradável.

7

COMO TOMAR UM BANHO DE SAUNA

O ritual da sauna

Um bom jantar entre amigos já começa muito tempo antes do evento em si. Quem iremos convidar? Qual a comida que vamos servir? Qual o vinho que vamos servir e qual vai ser a sobremesa? A expectativa e a preparação já fazem parte do prazer e os convidados certamente percebem e valorizam a atenção que foi dada pelos preparativos dos anfitriões.

O banho de sauna também já começa muito antes e os preparativos desse prazer dependem do que temos à disposição para a sauna. Caso tenhamos a possibilidade de ter *vihtas* para o banho, tudo já começa quando vamos a uma floresta colher os galhos de eucaliptos. Quando possível alguns de nossos filhos ou netos nos acompanham nesta empreitada. É uma excursão interessante e relaxante e de convívio agradável. Depois nos reunimos para a confecção das *vihtas*, o que também é mais um momento de reunião e de conversa agradável. A discussão é interessante e nada estressante:

"– Quem vai ter vihta? Qual vai ser o tamanho das *vihtas*? E para as crianças, vamos fazer umas *vihtinhas*?"

Quando a sauna é a lenha, ainda temos o prazer do ritual do aquecimento. O meu pai não deixava esse prazer para ninguém. Escolhia a lenha, acendia o fogo e de tempos em tempos, ia ver como estavam as coisas. Tínhamos o prazer de acompanhá-lo e admirar o calmante crepitar das chamas no forno.

Durante a sauna temos a oportunidade de tratar do corpo, da higiene e da mente. Devido ao ambiente quase sagrado, há a oportunidade de relaxar o corpo, e sobre tudo a nossa mente e a nossa alma. É um ambiente propício para uma meditação, para deixar os pensamentos vagarem por assuntos agradáveis ou então para uma conversa agradável com os amigos. Devemos terminar a sauna relaxados, descansados e revigorados "prontos para outra".

O ambiente da sauna

A Finlândia tem conseguido preservar o ambiente da sauna quase como um templo religioso e de paz, desde a sua criação até os dias de hoje. Este deve ser um dos segredos de sua sobrevivência, durante estes séculos de existência e evolução. Vários outros banhos, como os romanos, gregos, etc. desapareceram quando permitiram outras atividades tais como festas e encontros amorosos. Foram fechados até por motivos de saúde e higiene. Até as chamadas saunas, em alguns países, foram fechadas ou fecharam devido a estes motivos.

Na Finlândia esta degradação não ocorreu. A sauna foi integrada na cultura finlandesa de uma forma sadia e solene, desde a sua criação. Qualquer banhista com desvio de conduta foi sempre severamente repelido, castigado e eliminado pela sociedade. Este deve ser o motivo maior do sucesso crescente da autêntica sauna finlandesa.

Na sauna mantém-se tradicionalmente um ambiente de paz e meditação. As conversas são em tom baixo e sem muito alarido. A iluminação é suave e agradável. As bancadas e paredes são de madeira clara, leve e macia como o pinho do Paraná bem branço (Araucária), hoje quase extinto, mas muito bem substituído pela caixeta (Tabebuia Cassinoides), até com vantagens. Evitam-se os objetos de plástico ou de metal.

O odor é de limpeza, sem cheiros de detergentes ou vernizes. Percebe-se o cheiro da madeira.

A idade dos forros e das bancadas não dá a impressão de velhice nem sujeira e sim de pátina agradável e de coisa bem cuidada. O piso de cerâmica antiderrapante ou ardósia é limpo e bem lavado, não existem buracos nem cantos escuros. Existe água no ambiente, para lavar e se possível, até beber durante o banho.

As janelas são de vidro duplo, tão grandes quanto possível e permitem observar a natureza e aumentar o prazer do banho.

A porta também tem um visor amplo, para evitar atropelos.

Permite-se um leve cheiro de eucalipto, imitando o cheiro que ficou das folhas dos ramos de eucalipto, mas deve ser quase imperceptível.

E para os felizardos que podem tomar sauna aquecida à lenha, há um certo cheiro de lenha queimada no ar, se possível, de eucalipto. Aí, então, é o máximo!

As condições para uma boa sauna finlandesa

Para um bom resultado, algumas condições recomendáveis:

- Reservar tempo suficiente, de uma hora e meia a duas horas.
- Retirar bem os gases da queima da lenha (monóxido de carbono).
- Avisar alguém para ficar atento e verificar se está tudo bem de tempos em tempos, caso você vá tomar uma sauna sozinho.
- A temperatura deve estar entre 80°C e 100°C.
- Devem ter decorrido mais de duas horas após a última refeição.
- Bebidas alcoólicas antes e durante a sauna são contra-indicadas. A sauna é totalmente proibida na fase da ressaca alcoólica.
- E, evidentemente a sauna deve ser construída atendendo às especificações corretas, testadas, aprovadas e criadas pelos finlandeses, depois de centenas de anos de aperfeiçoamento, de geração em geração, e transcritas neste livro. Os fornos aquecedores devem ser de qualidade, com possibilidade de comportarem um bom volume de pedras, para produzir um bom *löyly.*

Ambientes e banhos a suor diferentes dos descritos neste livro, podem ser ótimos, eficientes e agradáveis, mas não devem ser chamados de saunas finlandesas. É como chamar uma Aquavit de Pinga Sueca. Ou vice-versa. Aquavit é ótima, mas pinga é pinga!

A frequência

Quantas vezes tomar sauna? Também é uma questão pessoal. Na Finlândia, praticamente toda a população toma pelo menos um banho de sauna por semana. Quando estão na casa de campo, tomam todos os dias. Os antigos camponeses finlandeses, depois da árdua jornada de trabalho nas colheitas, também tomavam a sua sauna diariamente. Quando estou em Penedo, às três horas da tarde começamos o aquecimento da sauna, que tem um forno do tipo pré-aquecido à lenha. Assim o banho fica pronto para as 5 horas.

A que temperatura devemos tomar a sauna?

Esta é uma das perguntas mais frequente dos iniciantes. E a resposta correta, cada um obterá a partir da sua própria experiência. Particularmente a minha preferência é de um ambiente entre 80°C e 90°C, e também complementada com uma umidade de ambiente entre 20% e 15%, respectivamente. Nessa temperatura consegue-se jogar água nas pedras (o *löyly*), controlar a umidade ao gosto do banhista, estar num ambiente quente, mas agradável.

Em temperaturas entre 70°C e 80°C (sempre me referindo às temperaturas medidas à altura da cabeça do banhista, sentado no degrau mais alto da sauna), ainda se consegue tomar um bom banho de sauna, jogando água nas pedras e aumentando a umidade do ambiente.

Abaixo de 70°C, já não é mais uma sauna, é como um pesadelo que tive. Passou-se num hotel da cidade de Paramaribo, eu estava com um terno de lã, não havia ar condicionado e a geladeira do quarto está quebrada.

É possível tomar sauna a temperaturas superiores a 100°C, mas já não é tão confortável. Cheguei a tomar sauna a 110°C a 120°C durante vários anos. Achava que uma boa sauna tinha que ser muito quente. O meu pai, Martti Aaltonen, chegou a tomar uma sauna a 140°C. Parece mentira, mas é possível, devido ao nosso eficiente sistema orgânico de termo regulação.

A sauna, a temperaturas acima de 100°C, é desagradável. A umidade fica muito baixa, as mucosas ressecam, não é possível jogar água nas pedras. Deixa de ser um banho e sim uma prova de resistência. A transpiração ocorre e é abundante, mas demora a ser percebida. Só aparece quando o volume do suor aumenta muito, superando a velocidade da evaporação. A desidratação do corpo é rápida.

Nessa faixa de temperatura, entre 80°C e 90°C, ao se jogar água nas pedras, a umidade sobe facilmente dez pontos percentuais e há a produção de íons negativos, benéficos à nossa saúde.

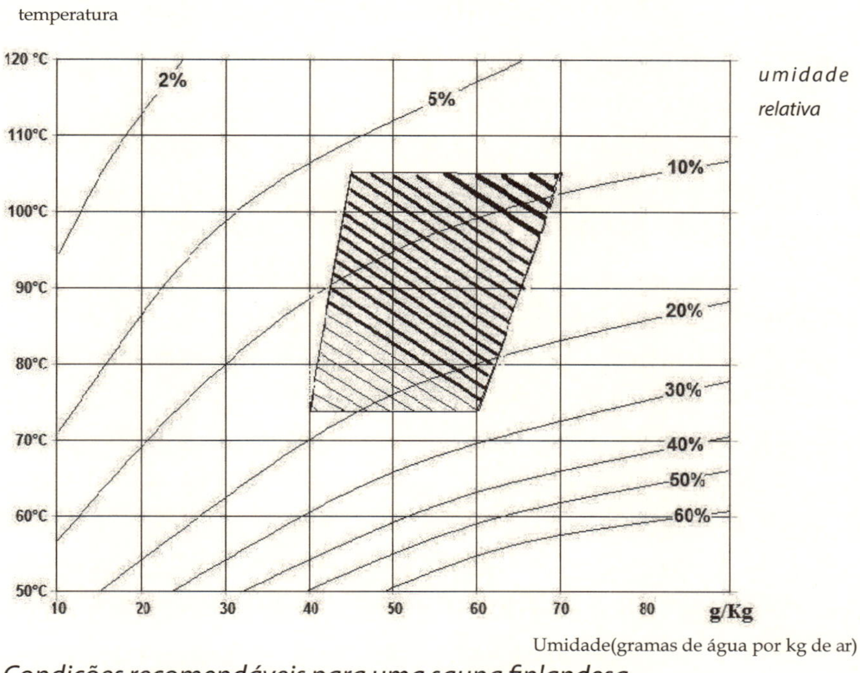

Condições recomendáveis para uma sauna finlandesa.

O gráfico mostra um polígono, que indica as condições recomendáveis pelos finlandeses, para uma boa sauna. Já os alemães tomam uma sauna com a temperatura média e umidade mais baixas. Os suecos aceitam uma gama de temperatura desde os 50°C até os 105°C e uma faixa de umidade também mais baixa.

Não se impressione muito com esses gráficos – "é coisa de engenheiro", como diz a minha mulher. Cada um deve tomar a sauna nas condições em que achar melhor, sem a necessidade de ficar olhando medidores, relógios e gráficos.

Os íons negativos

Desde os anos 50 que cientistas concluíram que ambientes com uma densidade de íons negativos maior do que a de íons positivos tem um efeito benéfico no funcionamento dos órgãos, ou seja, no nosso bem estar.

Já uma abundância de íons positivos nos faz ficar ansiosos, fatigados e tensos. Esse envenenamento de íons positivos já foi ligado à enfartes cardíacos, crises de asma, dores de cabeça, insônia, reumatismo, artrite, à febre e a várias alergias.

Sabe-se que o fogo, as águas agitadas como ondas e cachoeiras e as plantas geram íons negativos. Não é à toa que é calmante ficar observando as chamas de uma lareira ou o bater das ondas no mar!

A sauna, com suas pedras e o *löyly*, são excelentes geradores de íons negativos. Não foi à toa que os finlandeses, sem saber por que, passaram a evitar as saunas com fornos elétricos. Mais tarde comprovaram que as resistências elétricas geravam íons positivos. Os projetistas voltaram para as pranchetas e conseguiram resolver o problema. Os fornos passaram a aquecer melhor as pedras e o *löyly* com o seu conteúdo de íons negativos passou a funcionar. Os íons negativos, maiores e com menos mobilidade, aterravam nas pedras superaquecidas.

ENTÃO, NÃO SE ESQUEÇA DAS PEDRAS E DO *LÖYLY*!

O löyly

Uma das principais características que diferenciam a sauna finlandesa das outras versões de saunas é a possibilidade de se variar a umidade e a sensação de temperatura, durante o banho de sauna e sempre de acordo com a vontade dos banhistas.

Gravura antiga de Erkki Tanttu. Cena de löyly e vihta numa savusauna.

Isto é conseguido com um expressivo volume de pedras no forno e a possibilidade irrestrita de se jogar água nas pedras, para produzir o *löyly*. Esta possibilidade deve ser conseguida mesmo que o forno seja elétrico, ou seja, as resistências devem ser devidamente blindadas.

Ao se jogar água nas pedras, o *löyly*, aumenta-se a concentração de vapor de água do ambiente. Este vapor de água, produzido pelo contato da água com pedras, muitas vezes, a temperaturas acima de 400°C, chega ao ambiente acima de 100°C e *ansioso* para se condensar numa superfície mais fria, como a nossa pele, que estará somente a uns 40°C.

Parte deste vapor atravessa a camada protetora de ar da pele e se condensa.

A condensação do vapor de água é uma reação exotérmica, mesmo que o vapor já esteja quente! Gera muito calor e nos proporciona uma sensação real de aquecimento.

O vapor de água gerado pelo *löyly*, sai das pedras com a velocidade de uma verdadeira explosão, pois nessa temperatura, cada litro de água gera aproximadamente 1.700 litros de vapor a 100°C.

Não jogue muita água nas pedras. Cada concha de 100 gramas gera até 170 litros de vapor! Basta uma concha com uma xícara de chá de água de cada vez e várias vezes, se necessário. Um volume muito grande de água de uma vez pode ser insuportável para os banhistas e quebrar as pedras do forno.

Não fique no caminho desse fluxo de vapor, queima mesmo!

A condensação acontece também no ambiente da sauna, podendo ser até visível por alguns instantes, enquanto a água está sob a forma de uma nevoa. Logo ela evapora de novo, transformando-se em vapor de água.

O termômetro da sauna quase não indicará alteração alguma e o higrômetro indicará um acréscimo de umidade, que se dissipará lentamente.

A capacidade de cada sauna para gerar o *löyly* determina a característica da sauna. O *löyly* então pode ser classificado como:

- macio
- suave
- ardente
- envolvente, etc.

É sempre mais fácil conseguir um *löyly* suave e agradável numa sauna de tamanho razoável(10 m^3 ou mais) do que numa sauna pequena.

Uma sauna sem pedras e sem *löyly* não é uma sauna finlandesa.

Afinal, como devo tomar a minha sauna?

Não existe um ritual fixo, para o banho de sauna. Cada um estabelece o seu. Os rituais fixos, com tempos e movimentos, exigem atenção e provocam estresse, justamente o que queremos eliminar na sauna.

Antes de mais nada, retire relógios e correntes.

Deixar tudo fora da sauna. Uma simples correntinha com um santinho pode provocar uma queimadura. As correntes e pulseiras, em certos momentos, ficam descoladas do corpo e se aquecem até a temperatura do ambiente (90°C!!!) e podem queimar a pele. As alianças podem ser mantidas, sem problemas.

Na Finlândia toma-se o banho de sauna sem roupas e chinelos, entretanto, aqui no Brasil, em saunas de família, costuma-se usar sungas ou biquínis. Cuidado com algum detalhe metálico dos biquinis. Podem causar queimaduras.

Particularmente o meu banho de sauna se desenvolve de acordo com os seguintes passos:

1. Um banho de chuveiro, antes de entrar no ambiente quente, a sauna.

   Este passo é vital, caso o banhista tenha feito esforços físicos, esteja sujo por algum motivo ou caso não tenha tomado nenhum banho durante o dia. Tenha pena dos outros banhistas!

   E meninas: removam a maquiagem!

2. A primeira sudação, ainda sem jogar água nas pedras (*löyly*). Desta forma aumentamos a temperatura do corpo de uma maneira mais suave, ainda com a sauna relativamente seca.

3. Uma *chuveirada* e um bom banho de sabonete e bucha. E porque neste momento? Os poros já abriram, já expulsaram parte das toxinas e sais. As sujeiras e gorduras excessivas da pele foram eliminadas pelo suor, e o resto é eliminado com sabonete e bucha. Eventual sabonete que ficou nos poros será expulso nos próximos ciclos de sudação, piscina e ducha.

O banho de bucha e sabonete pode-se tomar alternativamente após o segundo ciclo de sudação. Há uma vantagem de se ensaboar após o segundo ciclo: as células de pele mortas, em fase de troca, saem mais facilmente com a bucha, ajudando a renovação da pele, desde os artelhos até o rosto. É um *peeling* molhado e natural, deixando a pele limpa e rejuvenescida. É muito agradável também se lavar e se esfregar com a bucha ensaboada dentro da sauna.

4. Ducha e piscina. Ducha sempre antes da piscina, para tirar o suor.

2. A segunda seção de sudação, agora com tudo que tem direito. Muita água no ambiente, água nas pedras, sempre em quantidades pequenas para não rachar as pedras superaquecidas.

E, quando disponível, a suave *surra* com buquê de ramos de Eucalipto. Cada um com a sua *vihta* particular.

5. Um repouso em confortáveis cadeiras, com direito a papo, risadas, cerveja ou refrigerantes. Bebidas destiladas não caem bem, não combinam, mas uma cerveja geladinha, é o que há! Qualquer marca se torna a melhor!

6. Mais uma seção de sudação, um pouco mais leve, que pode ser a última ou a penúltima, ao gosto do banhista. Um bom chuveiro retira facilmente o suor, que nessa hora, já é totalmente limpo. O suor limpo é inodoro não tem cheiro. O que tem cheiro é o suor de algumas horas, onde as bactérias já proliferaram.

7 O último banhista fica encarregado da limpeza da sauna, com bastante água nas bancadas, para retirar o suor. As janelas ficam um pouco entreabertas assim como a porta, para permitir a ventilação e evitar a criação de mofo. Não se deve abrir as portas e janelas em demasia, para não resfriar a sauna muito rapidamente. Assim conseguimos dar tempo à evaporação das partes molhadas e ao mesmo tempo ventilar bem a sauna. A eventual balde típico de madeira é deixado no degrau mais inferior, mais úmido, para que não resseque e desmanche.

Não se deve jogar água no forno, nem encharcá-lo. Desta forma teremos um forno por muito mais tempo.

Esta primeira limpeza não deve esperar a empregada, no dia seguinte. O suor deve ser lavado com um jato de mangueira, para evitar o aparecimento de bactérias e para manter o ambiente com odor agradável. As folhas caídas das *vihtas* podem ser varridas posteriormente.

A Sociedade Finlandesa de Sauna fornece as seguintes sugestões para uma boa sauna:

- Reserve um tempo suficiente para a sua sauna, ou seja, de 1 a 2 horas. A pressa não combina com a sauna.
- Tome um chuveiro antes de entrar na sauna.
- Utilize uma pano para sentar que tem a finalidade de manter a limpeza.
- A temperatura da sauna deverá estar por volta dos 80°C 90°C. Aumente a umidade jogando *löyly*. Cuide bem da ventilação, mesmo durante o *löyly*, pois a sauna somente deverá ter o odor fresco das vihtas de bétula e um leve perfume de fumaça, caso seja um forno à lenha – e nunca um cheiro de suor.
- Após essa fase de pré-aquecimento, refresque-se na água ou no ar fresco. No inverno pode-se rolar na neve.
- Depois do pré-aquecimento, entre novamente para mais uma seção de *löyly* – pode-se usar a vihta numa sauna mais úmida. Evite os campeonatos de *löyly* – isto não faz parte das tradições da sauna e nem é saudável.
- O número de seções de *löyly* e resfriamentos podem ser repetidos a vontade e várias vezes e de acordo com a vontade do banhista. Os banhistas com problemas cardíacos e com pressão alta devem evitar nadar em águas geladas.
- Aqueça-se na sauna, antes do banho com sabonete.
- Depois do banho com sabonete, desfrute de mais uma seção final de *löyly*.

- Tome um bom chuveiro frio ou nade um pouco – como o evento final da sauna.
- Descanse e relaxe e desfrute de uma bebida refrescante.
- Vista-se com roupas limpas somente depois de comprovar que a sudação terminou por completo.
- Pense nos outros: limpe seus rastros e areje bem a sauna.

Suomen Saunaseura

O seu ritual da sua sauna será aos poucos estabelecido, de acordo com as suas experiências e preferências. As indicações acima podem servir de orientação inicial.

Etiqueta na sauna

Para que o banho de sauna seja um prazer para todos, é necessário que cada banhista obedeça a algumas regras muito simples:

- Falar baixo.
- Ao sair da sauna, fechar a porta imediatamente, para o calor não escapar.
- Jogar água nas pedras (*löyly*) com a concordância prévia de todos. Lembrar que o canto oposto ao forno será o mais quente, o que receberá primeiro a onda de calor.
- Bater com a vihta sem incomodar o vizinho.
- Caso deseje se ensaboar dentro da sauna, lavar os restos de sabão antes de sair para o chuveiro.
- Oferecer-se para esfregar as costas dos amigos com a bucha ou esponja, recém impregnada de sabonete. Verifique se o local permite que os banhistas se ensaboem no recinto da sauna.
- Caso você seja o anfitrião:
- Tenha novos sabonetes à disposição, se possível, de eucalipto.

- Ofereça água fresca, refrigerantes e talvez até cerveja bem gelada.
- Tenha uma vihta para cada banhista (caso disponíveis).
- Tenha toalhas limpas e sandálias para as visitas.
- Coloque essência de eucalipto (algumas gotas na concha com água)
- caso todos concordem.

- Faça a sua barba na sauna, caso todos concordem. Não precisa passar creme de barbear, o calor amolece a barba. Limpe seus restos imediatamente.

Além do ritual, costumes e etiqueta aqui descritos, não faça nada que você não faria também dentro de uma igreja.

Quanto tempo devo ficar dentro do ambiente quente, de uma vez?

Não existe um tempo predeterminado para se ficar na sauna. Cada um estabelece o seu tempo ideal. A regra básica é que você só deve ficar o tempo que se sentir confortável.

As crianças, mais inquietas, tendem a entrar e a sair da sauna, com mais frequência que os adultos. Não devem ser impedidas – é da natureza da idade e até serve para renovar o ar, com o constante abre-e-fecha da porta (desde que a porta não fique aberta por muito tempo).

Nunca medi o tempo em que fico dentro do ambiente aquecido da sauna. Geralmente o momento de sair coincide com o momento em que a sudação já está visível e abundante, mas não é a regra. Quando há vários frequentadores, tende-se a ficar um pouco mais do que o normal e, quando alguém desce os degraus e vai para o chuveiro, os outros ficam com vontade de fazer o mesmo. Observem na próxima vez!

É bom sempre projetar a área de chuveiros com mais de uma ducha, para evitar congestionamentos.

A vihta

(Pronuncia-se o ***h*** como um h aspirado, como o ***r*** de Rio, do modo como pronunciam os cariocas.).

A *vihta* consiste num buquê, num ramalhete de galhos de bétula na Finlândia e geralmente de galhos de eucalipto no Brasil.

Os finlandeses, depois do *löyly*, consideram a *vihta* como um dos elementos e apetrechos mais importantes de uma sauna. Para atender as necessidades dos banhistas, vendem-se *vihtas* em embalagens a vácuo e congeladas ou secas e desidratadas nos supermercados de toda a Finlândia (4€ a 5€ cada), para os que não tem oportunidade de fazer as suas *vihtas*, para os que vivem nas cidades e para o inverno: as folhas das bétulas das árvores desaparecem. Essas *vihtas* são então rejuvenescidas e *acordadas* com água quente e ficam prontas para o *löyly*.

No Brasil, na falta de bétulas, os primeiros colonos finlandeses de Penedo descobriram o eucalipto, que substitui a bétula muito bem. A bétula tem muitas propriedades interessantes e um aroma muito bom, mas o eucalipto não fica atrás. O eucalipto além de outras propriedades medicinais, é próprio para problemas das vias aéreas, é um excelente anti-bactericida e anti-fungicida.

Um ambiente pós sessão de *vihta* da sauna exala um aroma suave de eucalipto e na medida certa. Deixe as folhas caídas das *vihtas* de eucalipto pelas bancadas e piso para serem recolhidas no dia seguinte: ajudarão na higienização da sauna.

Como fazer as vihtas

Precisamos de galhos de eucaliptos com mais de 40 cm de comprimento, de folhas nem muito novas (caem facilmente) e nem muito velhas (são duras e soltam menos aroma). O *eucaliptus citriodora* produz folhas pontiagudas, que nos chicoteiam um pouco. Procure os galhos de folhas mais arredondadas. A *vihta* fica mais suave.

Exigente demais???

Ok, não é possível ser tão exigente, mas pelo menos assim fica-se sabendo o que seria melhor.

Durante a colheita, não depenem as árvores totalmente. Deixem galhos suficientes para que a árvore sobreviva e produza mais galhos para as nossas próximas colheitas.

Após a colheita teremos então galhos de comprimentos variados, de 40 cm de comprimento. Não corte ainda os galhos no comprimento final. Isto só vai ser feito depois que a *vihta* estiver praticamente pronta.

Depois da colheita, a primeira fase é a de depenar as folhas dos galhos, do pedaço onde a *vihta* será amarrada e o buquê pego durante a sauna. Nesta fase já começamos a selecionar os galhos em pilhas. Uma pilha para cada mulher, uma pilha para cada homem e uma pilha para cada criança. Quem sabe assim: os melhores galhos para as mulheres, os de segunda categoria para os homens e os menores, mais curtos, para as crianças?

Depois preparamos os galhos para amarrar os buquês. Pegamos os galhos que sobraram e foram rejeitados, os torcemos para soltar as fibras longitudinalmente e pronto: temos as nossas cordas para amarrar as *vihtas*. Parece complicado, não? Outro material ótimo para amarrar os buquês é a casca dos galhos mais grossos do eucalipto. Solta-se facilmente em tiras e é mais flexível do que os galhos torcidos.

Veja como amarrar:

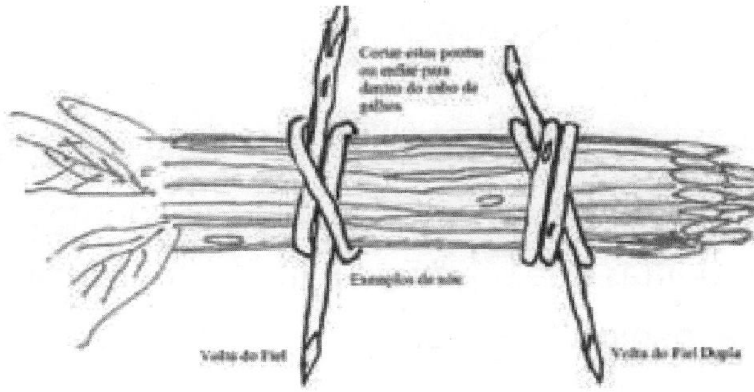

A confecção das vihtas. Fotos da Laila P. Aaltonen Pereira.

Vejamos os diversos passos da confecção das *vihtas* nas fotos, a seguir:

As etapas são as seguintes:

1. Escolher galhos.
2. Desfolhar a parte do cabo.
3. Classificar para adultos, crianças, etc.
4. *Vihtas* e *vihtinhas*.
5. Torcendo os galhos para preparar o *barbante* de eucalipto.
6. Amarrando o cabo da *vihta* e escondendo as pontas no cabo.
7. Enfiando as pontas que sobraram para dentro do cabo.
8. Cortando na medida.
9. A *vihta* pronta.

8

OS TIPOS DE SAUNAS FINLANDESAS

Todos os tipos de saunas finlandesas derivaram, de uma forma ou outra, da sauna original que surgiu nas covas onde se escondiam os caçadores primitivos, os primeiros habitantes da região que foi libertada do gelo, após a última era glacial, há 10.000 anos atrás.

A savusauna (sauna a fumaça). Talha do escultor Ville Virkkilä 1966

8.1 As saunas classificadas pelo tipo de forno

As saunas podem então hoje ser classificadas pelo tipo de forno.

Savusauna (sauna a fumaça)

Este é o mais antigo e descendente direto das saunas primitivas. Basicamente o *kiuas*, o forno, é constituído de pedras, umas sobre as outras, com uma abertura inferior, onde é queimada a lenha e com algumas bancadas para sentar. Durante o aquecimento que leva de 5 a 6 horas, a fumaça toma conta do ambiente e sai pelas janelas e portas. O banho acontece após a extinção total do fogo, a retirada das brasas, a ventilação e da limpeza do excesso de fuligem.

A fuligem escurece o ambiente, mas a sensação resultante é fantástica. O primeiro grande salto tecnológico se deu quando os finlandeses e outros povos passaram a dominar a tecnologia da construção por meio de toras de madeira encaixadas. A *savusauna* começou a sua ascensão para a superfície. Primeiro passaram a construir a metade inferior enterrada e a metade superior na superfície com as toras, e posteriormente passaram construir toda a savusauna com toras de madeira. As savusaunas tinham um pé direito bem maior e escadas para as bancadas que ficavam perto do teto, para onde naturalmente ia o calor e o *löyly* produzido pelas pedras do *kiuas*.

Savusauna – Xilogravura antiga.

Até hoje, este tipo é implantado e apreciado pelos puristas, até mesmo na sua versão enterrada ou semi-enterrada. Estima-se que existam mais de 2.000 Savusaunas na Finlândia.

A ventilação natural acontecia pelas frestas das toras inferiores que não eram calafetadas, pela porta e por orifícios na parte superior, que podiam ser abertos e fechados, à vontade dos banhistas.

Hoje na Finlândia, vários fabricantes fornecem fornos modernos, ainda com o mesmo principio da *savusauna*, mas feitos de alvenaria.

Sauna pré-aquecida, à lenha

Foi o segundo salto tecnológico da sauna. Apesar das chaminés passarem a ser usadas nos lareiras e cozinhas das residências já no inicio do século 19, a introdução da chaminé no forno da sauna somente aconteceu no fim desse século. É uma evolução da *savusauna*. As pedras e o fogo foram confinados num forno, ligado a uma chaminé. Inicialmente os fornos eram feitos de alvenaria e posteriormente passaram a usar barris de aço para conter o volume de pedras. Uma coifa é adaptada na parte superior do forno para receber uma portinhola que dá acesso às pedras, e para encaixar uma chaminé, com o seu registro. Na parte inferior é instalada uma portinhola para alimentação do fogo e uma caixa de cinzas. Internamente há uma grelha para a lenha e outra grelha ou suporte de refratários para as pedras que vão ser aquecidas. Este último suporte é o mais complicado, pois precisa sustentar dezenas de quilos de pedras que são aquecidas e esfriadas, que se contraem e que se expandem a cada banho, provocando pressões incríveis na parede do forno e sobre as grelhas.

Na Finlândia, a portinhola de alimentação da lenha normalmente fica dentro do ambiente quente da sauna, devido à comodidade de aquecimento (o clima do lado de fora pode estar muito frio, a dezenas de graus abaixo de zero). No Brasil, é conveniente deixar a alimentação pelo lado de fora. O clima permite e

Foto da minha sauna em Penedo.

a alimentação do forno pode ficar do lado do depósito de lenha. O forno de préaquecimento à lenha com o aquecimento pelo lado de fora é o único tipo de sauna que permite uma ventilação natural, sem a necessidade de maiores preocupações com outras entradas de ar fresco, não viciado. Após o aquecimento, o ar fresco e rico em oxigênio, entra pela caixa de cinzas ou pela portinhola de alimentação, sobe pelo efeito chaminé, é aquecido pelas pedras e chega ao ambiente quente da sauna, promovendo a troca de ar e sem esfriar em demasia a sauna. O ar viciado e em excesso, é forçado a sair pelas frestas e por baixo da porta de entrada na sauna.

Podemos também armazenar o calor por algum tempo, caso o banho não seja logo após o aquecimento, fechando a saída de ar para o ambiente da sauna, assim como a caixa de cinzas. Podemos também regular o calor no ambiente, abrindo ou fechando a caixa de cinzas.

Para o aquecimento, fecham-se as janelas e portas da sauna, abre-se o registro da chaminé e acende-se o fogo. Nunca queimar madeiras tratadas tais como postes e dormentes. Os gaes produzidos pelos resíduos de tratamento podem ser fatais. Depois de algumas fornadas de lenha e depois de verificar a temperatura interna da sauna e o estado das pedras (abrindo a portinhola superior, pode-se perceber se as pedras já estão vermelhas), a sauna está quase pronta.

Cada sauna e cada construção de forno têm a sua característica e sua *personalidade*. A minha sauna atual, que é deste tipo, está pronta quando o ambiente está a 60°C. Neste momento as pedras já estão vermelhas e a temperatura, com a portinhola de acesso às pedras aberta, pode chegar a 90°C. Um pouco menos, caso a caixa de cinzas fique fechada.

Esta característica varia de sauna para sauna, de forno para forno e até da lenha que é usada.

Retiram-se então todas as brasas e joga-se um pouco de água (um excesso de água racharia as pedras superaquecidas) que ajudará a retirar eventuais restos de cinzas e gases ainda remanescentes nas pedras. Não pode ficar nenhum pedaço de carvão em chamas no forno, soltando labaredas. Isto é um sinal de emissão de gases, o gás carbônico (dióxido de carbono) e o monóxido de carbono resultantes da queima incompleta da lenha, e outros menos concentrados.

O monóxido de carbono (CO) é um gás inflamável, inodoro e muito perigoso devido à sua grande toxicidade. Pode causar confusão, vertigem, enxaqueca, náusea, inconsciência, fraqueza e até morte do banhista.

É importante então ventilar bem a sauna do tipo pré-aquecida, à lenha, antes do banho. Com a porta, chaminé e as janelas ainda abertas, joga-se água nas pedras. O fluxo violento provocado pelo vapor de água formado ajudará a expulsar resíduos de monoxido e cinzas que ainda porventura tenham ficado entre as pedras. Agita-se então a porta umas dez vezes para arejar bem o ambiente da sauna e só então fechamos o registro da chaminé, janelas e a porta.

Principalmente os iniciantes não devem tomar sauna sozinhos. Os primeiros banhistas estarão expostos aos restos de monóxido, caso a limpeza do forno não tenha sido feita criteriosamente.

Com o registro da chaminé já fechada previamente, abre-se a portinhola de acesso às pedras, dentro da sauna. O calor armazenado nas pedras passa então a aquecer o ambiente da sauna, o que acontece em alguns minutos. Temos então (quase) a sensação da savusauna, sem a presença da fuligem e com o leve e agradável odor da queima de lenha. O forno de sauna por pré-aquecimento e com chaminé permitiu que as saunas pudessem ser construídas também nas cidades e nas residências. A *savusauna* exigia uma construção à parte, mas as saunas com chaminés podem ser construídas adjacentes às casas e residências.

Este modelo permitiu também a implantação das saunas públicas, que proliferaram no início do século passado.

Existem também, no mercado finlandês, fornos de pré-aquecimento e armazenagem de calor, elétricos. As pedras do forno são aquecidas com a potência total do forno (ex: 8 a 10 kW) e mantidas aquecidas, no forno fechado, por resistências de manutenção, bem menores (Ex: 400 W). Quando o banho se inicia, abre-se a boca do forno para acesso às pedras e ao *löyly* e as resistências de potencia são ligadas.

Sauna de aquecimento continuo, à lenha

As savusaunas e as saunas pré-aquecidas à lenha, sem dúvida são as mais próximas da sauna original, a que dominou a preferência dos apreciadores da sauna finlandesa durante centenas de anos.

Aqueles modelos, entretanto, têm algumas desvantagens:

- exigem um longo tempo de aquecimento e uma devoção da pessoa que aquece, durante todo o tempo, principalmente nos minutos finais. Duas horas de aquecimento podem fugir pela chaminé em 10 minutos, caso o fogo se apague;
- permitem o banho de sauna por algumas poucas horas, dependendo do volume das pedras do kiuas que foram aquecidas.

Em meados do século passado foram introduzidos os fornos de aquecimento contínuo, à lenha.

São os tipos de fornos mais populares na Finlândia hoje em dia, devido à comodidade e rapidez de aquecimento.

Fornos à lenha de aquecimento contínuo.
Cortesia da Madefer www.saunafinlandesa.com.br

Na foto, dois fornos, lado a lado:

À esquerda, o forno de frente, com as pedras e sem a chaminé;

À direita, a parte de alimentação, que fica embutida na parede, com a portinhola para fora;

Na frente, o chapéu da chaminé.

Basicamente, trata-se de uma caixa metálica de aço para combustão de lenha, selada, na qual as pedras são aquecidas pela irradiação da chapa superaquecida do forno.

Além dessa caixa, o forno possui uma portinhola de alimentação do fogo, uma caixa de cinzas e uma chaminé.

O banho de sauna e o *löyly* já podem começar 30 minutos após o início do fogo. Caso a temperatura caia, basta colocar mais lenha no forno.

A boca de alimentação pode ficar até dentro do ambiente quente, o que é conveniente nos países com inverno rigoroso. Isto é possível, pois a sucção da chaminé não permite o retorno de fumaça e gases. No Brasil são mais comuns os fornos com alimentação externa.

Características importantes:

- As paredes também devem ser duplas para evitar a irradiação e produzir um efeito chaminé, que acelera o aquecimento do ar da sauna.
- As chapas da câmara de combustão devem ser resistentes o suficiente para aguentar o calor gerado pela queima da lenha normal e resistir por vários anos à corrosão provocada pelos gases produzidos na combustão. Esses gases são tão corrosivos que, em alguns anos de uso contínuo, o forno precisará ser trocado, mesmo que a estrutura seja de aço inox. Os fornos durarão mais, caso sejam bem mantidos, aquecidos com lenha de qualidade e não sejam encharcados após o banho. Os modelos mais sofisticados possuem um gerador de vapor acoplado. Quando o gerador de vapor é desligado, estes modelos são usados tanto para tomar uma sauna tradicional (a chamada sauna seca, de umidade controlada pelo löyly).

Quando gerador de vapor é ligado, temos então o banho a vapor, o *banho turco* ou a *sauna* úmida, como se convencionou chamar no Brasil. Neste tipo de sauna, o vapor fica visível (fisicamente não é vapor é uma névoa de água quente) e para tal, a temperatura não pode passar dos 45 graus.

Estes tipos de fornos foram introduzidos pelo Rauno Pécala Rae, na colônia finlandesa de Penedo, RJ, já nos anos 60, e copiados por vários fabricantes. A família Rae até hoje continua a produção.

Forno de sauna elétrico numa sauna na Bélgica. Foto Laila P. Aaltonen Pereira.

O terceiro grande salto tecnológico foi a criação dos fornos de sauna elétricos.

Estes fornos começaram a aparecer no mercado mundial em meados do século passado. Passou-se a construir saunas em lugares onde havia restrições às saunas a lenha ou dificuldades de conseguir lenha.

Hoje em dia não deve existir um só prédio de apartamentos na Finlândia que não tenha a sua sauna, para uso dos moradores. Os prédios mais modernos e mais luxuosos já tem uma sauna para cada apartamento.

Existem diversos fabricantes e tipos de forno no mercado brasileiro. Caso você faça parte de uma comissão que decidirá sobre a construção de uma sauna em seu condomínio ou caso queira escolher um forno elétrico para a sauna de sua casa, siga as dicas abaixo.

O forno deverá ter as seguintes características:

- Resistências embutidas em tubulação de aço inox, bem isoladas.
- A construção deverá permitir jogar quantidades razoáveis de água, sem perigo para os banhistas.

Fotos do autor. Pequena sauna em edifício, da Av. Horácio Lafer, São Paulo, SP.

- A construção deve permitir a colocação das pedras para o löyly por cima das resistências.
- Alguns modelos possibilitam inclusive a colocação de pedras entre as resistências. Um volume maior de pedras significa uma melhor inércia térmica, um calor mais uniforme e uma produção maior de íons negativos, tornando o banho de sauna mais agradável.
- As paredes de chapa devem ser duplas ou triplas e separadas por uma camada de ar de um a dois centímetros, para diminuir a irradiação direta de calor e o perigo de incêndio. **O calor gerado é tal que há uma real possibilidade de incêndio, caso a chapa seja de uma só folha de aço.**
- **Mesmo com as duas camadas de chapas protetoras, o forno ainda irradia o suficiente para causar incêndios. Os guarda-corpos de proteção devem sem protegidos com chapa de alumínio (aquela usada para calhas) em todas as faces que estiverem "vendo" o forno.**

- Não deverão existir chapas refletoras, que permitam a visão das resistências e a irradiação emanada pelas mesmas. As pedras deverão cobrir as resistências. Uma boa sauna tem um mínimo de irradiação do forno. O calor para os banhistas deve ser fornecido pelas pedras aquecidas, pelo löyly e pela irradiação uniforme gerada pelas superfícies quentes das bancadas, paredes e teto da sauna.
- Termostatos e timers para controle. Os modelos mais sofisticados permitem programar o acionamento do aquecedor, pelo timer ou até pela internet.
- Um eficiente aterramento da carcaça do forno é importante.

Outros tipos de fornos

Existem outras formas de construir fornos de aquecimento contínuo, similar aos fornos à lenha, de câmaras de combustão fechadas. Há no mercado brasileiro fornos a gás. Em países onde o aquecimento das casas a óleo é popular, é possível encontrar também fornos a sauna nos quais se utiliza o óleo como combustível.

Nada contra, desde que a câmara de combustão seja bem hermética e a alimentação seja efetuada por fora do ambiente da sauna. É claro que deverá também haver a possibilidade de aquecer uma boa quantidade de pedras para gerar o *löyly*. A sensação do banho deve ser similar à desfrutada numa sauna à lenha ou numa sauna elétrica de aquecimento contínuo.

8.2 As saunas classificadas pelo seu uso

As saunas podem ser classificadas da seguinte forma:

- Saunas particulares residenciais ou de casa de campo;
- Saunas prediais, de condomínio;
- Saunas de clubes;
- Saunas públicas.

Saunas residenciais

Uma sauna residencial, à beira da piscina, de uma família com muita atividade social, que recebe convidados para churrasco e sauna, não precisa de um ambiente que comporte mais de 3 a 4 banhistas ao mesmo tempo no ambiente quente. Sempre haverá alguns banhistas na piscina, outros nos chuveiros e outros descansando. Essa sauna dá conta, na prática, tranquilamente de 6 a 8 banhistas.

Note-se que as pessoas não ficam mais do que uns 10 minutos no calor e saem frequentemente para se refrescar ou descansar.

Ambientes muito pequenos além de dar uma sensação claustrofóbica, tem uma inércia térmica baixa. A temperatura varia muito com o abrir e fechar da porta e o jato de vapor de água gerado pelo *löyly* não tem espaço para se espalhar e pode ser desagradável, caso se concentre em algum ponto.

Saunas prediais e de hotéis

Um erro frequente de dimensionamento é o de se exagerar nas medidas dos ambientes quentes (saunas) de prédios e hotéis. É comum de se encontrar ambientes quentes construídos para prédios de 15 a 20 andares com saunas que comportariam mais de 15 banhistas. A prática mostra que raramente se encontram mais do que 3 a 4 moradores simultaneamente dentro da sauna.

Saunas de clubes

Essas são as saunas mais frequentadas hoje em dia nas grandes cidades brasileiras. Já é costume de muitas pessoas irem ao clube praticar um esporte e depois tomarem a sua sauna nos fins de semana. Há clubes que chegam a lotar saunas com capacidade de 30 a 40 banhistas, no ambiente quente, simultaneamente.

Não é recomendável construir ambientes quentes para esta capacidade. Caso a demanda seja grande, o melhor é resolver com várias saunas menores, para um máximo de 10 banhistas simultaneamente, com muitas vantagens:

Em caso de demanda alta, podem-se ter saunas com várias temperaturas, umas para veteranos que gostam de mais calor e muito *löyly* e outras com temperaturas mais suaves.

Durante os dias de semana e fora dos horários de pico, podese aquecer somente uma ou duas saunas. Aquecer uma sauna que tem capacidade para 50 banhistas e que vai receber somente 5 é um desperdício. Note-se que se necessita de 1,0 kW a 1,5 kW para cada metro cúbico aquecido, independente do número de banhistas.

Ambientes menores são indubitavelmente mais agradáveis.

Saunas públicas

Não tenho notícias de que ainda existam balneários públicos que ofereçam exclusivamente a opção sauna no Brasil. Mesmo na Finlândia já são raros. Na Finlândia, todos têm uma sauna à sua disposição, seja no seu prédio, no trabalho, na residência ou na casa de campo. São 5.000.000 de habitantes e dizem que há mais de 2.000.000 de saunas. Nos anos 60, no Brasil foi construída uma sauna pública que funcionava em Ipanema, na Praça Nossa Senhora da Paz. O meu pai, Martti Aaltonen, foi o projetista. Acho que foi a única sauna pública do Brasil.

Sauna Ipanema, anos 60. Foto Martti Aaltonen.

Uma agradável sauna na beira do lago. Finlândia. Foto Martti Aaltonen

9

A ARQUITETURA E OUTROS ELEMENTOS DA SAUNA

Um apreciador de bons vinhos, quando tem a oportunidade de experimentar um grande vinho, certamente vai querer também uma taça de cristal perfeito, incolor, sem detalhes e de boa origem e limpa. A qualidade do vinho ainda vai ficar mais realçada, caso o mesmo seja degustado num ambiente agradável, com a iluminação correta, e se possível, à luz de velas. O ambiente perfeito terá uma música suave e a arquitetura será aconchegante e agradável. As mesas terão toalhas brancas para permitir o exame da cor do vinho.

Quem acha que nada disto tem importância, imagine-se provando um Chateau Mouton Rothschild 1995, na Rodoviária de São Paulo, num caneco de alumínio, anodizado de verde, gravado *Lembrança de Paramaribo*, ao som de uma musica funk. É melhor nem tomar!!!

A sauna para ser *degustada* corretamente também precisa de ingredientes certos.

Vou listar os itens da minha sauna ideal. É praticamente impossível conseguir reunir todas essas características de uma sauna perfeita, ao mesmo tempo, mas algumas são imprescindíveis e as marcarei com um asterisco (*).

Localização

Não há nada mais agradável do que poder sair da sauna e ter a oportunidade de dar um mergulho nas águas cristalinas de um lago, de um rio ou de uma piscina. Sair para descansar e sentar para apreciar a natureza num ambiente tranquilo e sereno. Na Finlândia, é costume ter uma casa de veraneio e construir a sua sauna o mais próximo possível à beira de um lago. Realmente não é difícil: são 188.000 lagos.

No Brasil temos recantos com vistas maravilhosas que permitem a construção de saunas muito agradáveis. Podemos construir saunas na beira de lagos, rios ou na beira de praias. Saunas nas montanhas, na proximidade de rios e cachoeiras, são maravilhosas.

Uma sauna na Barra do Sahy. Foto Paulo Portocarrero

Ambiente de paz (*)

Existe um dito popular na Finlândia, que diz o seguinte:

"Comporte-se na sauna como se estivesse dentro de uma igreja."

A aceitação, generalização e a manutenção deste costume, desde a criação da sauna até os dias de hoje, é um dos fatores importantes da manutenção da tradição da sauna.

Conversa-se em tom baixo, não acontecem discussões acaloradas. Mesmo até sem companhia, um banho de sauna é muito agradável e perfeito para meditação e introspecção.

Todos os ambientes devem ser simples, bem executados, mas despojados de detalhes luxuosos. Até a marcenaria das bancadas deverá ser sóbria. O único detalhe que chama atenção e admiração deve ser o ambiente de paz.

Água, muita água (*)

A sauna é um banho.

Entre outras finalidades, o objetivo principal é a limpeza do corpo e para tal precisamos de água. Sem água também não podemos controlar a umidade do ambiente com o *löyly*. É agradável ter uma concha de água para refrescar o rosto, quando der vontade. É cordial oferecer uma concha de água ao amigo banhista, sentado ao seu lado, quando ele se defende de um *löyly* mais *picante*. As crianças adoram poder brincar com a água de uma balde de madeira, sentadas até nos degraus mais altos e quentes, se refrescam e se divertem.

Balde de sauna e concha. Cortesia da Madefer www.saunafinlandesa.com.br

Ter uma bica de água no interior da sauna é muito cômodo. Caso a água seja potável, é ótima para se beber durante o banho. Usa-se também para encher o balde e para lavar as bancadas. Apesar de existir facilidades de banho do lado de fora do ambiente quente, não é contra a etiqueta se ensaboar no interior. A barba feita dentro da sauna é fácil, não precisa de cremes de ensaboar. A barba fica macia e fácil de fazer. Depois do banho e da barba, a mangueira de água é útil para deixar o ambiente limpo.

O último a sair da sauna se encarrega de lavar tudo com um bom jato de água da mangueira. Em todas as bancadas. Restos de suor e sabão vão para o ralo. Nunca lavar o forno com água, para evitar a sua oxidação. Após o banho, o calor residual da sauna se encarrega de secar tudo rapidamente. A porta e a janela são deixadas um pouco entreabertas, para secar e ventilar tudo. O balde de madeira fica nos degraus mais baixos, emborcado, para não ressecar demais. Desta forma mantemos o ambiente agradável e sem cheiro de mofo.

A vihta

Na Finlândia é considerado um elemento imprescindível de um banho de sauna. Consiste num generoso ramalhete de galhos com folhas de bétula e cada banhista tem o seu *vihta* individual. No campo e no verão as *vihtas* são preparadas no dia do banho e no inverno usa-se o estoque que ficou no freezer ou guardado seco dentro de sacos plásticos. Antes do banho, os mesmos são *reavivados* com água quente.

Vihtas de eucalipto. Foto de Laila Palissy Aaltonen Pereira

Nas cidades e durante o inverno, consomem-se as *vihtas* vendidas nos supermercados e o consumo é tão grande que a Finlândia importa *vihtas* de bétula e eucalipto de vários paises.

Este item é tão importante para os finlandeses que, durante a guerra, os soldados chegavam a fazer *vihtas* de galhos de pinheiro, na falta da bétula.

No Brasil o substituto ideal para a bétula são as *vihtas* de eucalipto, que exalam um perfume suave e hoje característico da sauna finlandesa.

Essências

Na Europa é possível comprar essências de bétula e de outras árvores, para utilização na sauna, na falta de uma *vihta*. No Brasil se comercializa a essência de eucalipto, que deixa um perfume agradável. O correto é colocar umas poucas gotas na concha com água e jogar nas pedras quentes. A essência pura não deve ser jogada diretamente nas pedras, pois pode até pegar fogo. A essência em excesso é desagradável e irritante. O uso, em algumas saunas públicas de clubes no Brasil, é tão exagerado, que é possível sentir o cheiro a dezenas de metros. É o efeito *cangaceiro* (os cangaceiros adoravam tomar banho de perfumes, nos seus saques às cidades e povoados): tentam encobrir o cheiro de mofo de uma sauna mal construída e mal cuidada com perfume de eucalipto. Uma sauna bem cuidada prescinde de essências. O cheiro das madeiras limpas e o leve odor da lenha queimada, quando a sauna é a lenha, são muito agradáveis por si só.

Ergonomia e design dos diversos componentes (*)

A correta construção da sauna, as corretas dimensões das bancadas proporcionam um banho agradável. Medidas e superfícies incorretas podem transformar a sauna numa casa de faquir. Vamos tratar destes itens cuidadosamente no capítulo de construção.

A área de banhos e chuveiros (*)

Um bom chuveiro, com bastante água, é imprescindível. Para quem recebe convidados, o ideal é ter três chuveiros: dois de água fria e abundante e um de água quente, para quem gosta.

Porque duas duchas frias? Quando um grupo toma sauna e de repente um dos participantes decide se refrescar no chuveiro, os outros automaticamente ficam com vontade também. Observem! É que nem bocejar!

Janelas (*)

O janelão da sauna do Sahy. Foto Paulo Portocarrero

Quem tiver a felicidade de construir a sua sauna bem localizada, com uma vista agradável para a natureza, deve projetar a sua sauna de forma que a área de descanso totalmente voltada para este lado de forma que os banhistas possam desfrutar desta visão enquanto relaxam e conversam. A sauna perfeita terá também uma generosa janela, mesmo no ambiente quente, para que os banhistas possam apreciar a paisagem.

Em caso de total impossibilidade deverá ser provida pelo menos uma janela na porta para a segurança dos banhistas que entram e saem e para evitar as colisões e a sensação claustrofóbica de uma caixa fechada.

As janelas da sauna de Penedo. Foto do autor

Vestiário

Havendo espaço, é interessante deixar uma área de descanso, que pode servir de vestiário também. Deve-se colocar uns bancos baixos e uma pequena mesa de apoio. Quando não há espaço, colocar pelo menos uns ganchos de madeira para pendurar toalhas e roupas.

Sanitários

Quando não existe a possibilidade de se dedicar sanitários exclusivos à sauna, deve-se ter acesso a algum próximo, para uso dos banhistas.

Disposição dos ambientes

Deve-se deixar as áreas molhadas contíguas umas das outras, ou seja, o ambiente quente, a sauna propriamente dita, do lado da área de chuveiros. Essas duas áreas ficam encharcadas após uma boa seção de sauna. O vestiário e a área de descanso, as áreas secas, devem ficar próximos à entrada, fora da rota molhada.

As pedras (*)

Uma sauna sem pedras no forno é uma sauna sem *löyly*, sem possibilidade de variar a umidade e a sensação de temperatura, sem graça. Qualquer tipo de fornos precisa de pedras. As pedras melhores são aquelas que resistem ao esquentar/esfriar constante do aquecimento da sauna e do *löyly*. Há estudos diversos de quais tipos de pedras são as mais resistentes. Não usar pedras com veios e rachaduras. As pedras de granulação maior e mais escura são as melhores.

Na sauna à lenha, de pré-aquecimento, as pedras são muito estressadas. Cada banho equivale à milhares de anos na natureza. A cada aquecimento, as pedras são aquecidas até ficarem vermelhas e esfriadas bruscamente pela água do *löyly*. Depois de umas vinte seções de sauna, as pedras se tornam quebradiças e viram cascalho e se quebram com qualquer batida. Já não servem para a sauna, não armazenam mais o calor e precisam ser trocadas.

As pedras resistem mais nos fornos de aquecimento contínuo, pois não chegam a ficar vermelhas durante o aquecimento.

Termômetros e higrômetros

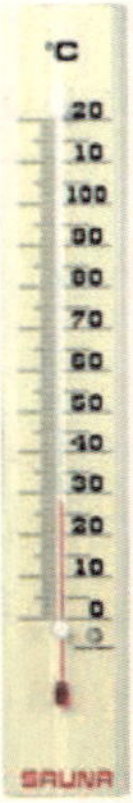

Os termômetros e higrômetros devem ser fixados na parede e na altura da cabeça do banhista sentado na última bancada.

As escalas dos termômetros indicar temperaturas de até 120°C pelo menos. Basicamente existem dois tipos de termômetros, os baseados na dilatação de uma mola metálica e os baseados na dilatação de um líquido, geralmente álcool colorido. Os metálicos tem a vantagem de serem mais visíveis, mas tem uma inércia térmica maior: demoram a indicar alterações de temperatura. Os baseados na dilatação de líquidos são mais rápidos, mas de difícil leitura, principalmente para os mais veteranos, de vista já cansada.

Os higrômetros mais práticos são os de fio sintético que aciona um ponteiro bem visível. Indicam diretamente a umidade relativa do ar e reagem rapidamente às alterações do ambiente.

De qualquer forma, não vamos à sauna só para ficar lendo termômetros e higrômetros.

Outros acessórios

Todos os acessórios que forem usados dentro de uma sauna, sempre que possível, deverão ser de madeira. Assim devem ser os baldes, conchas e travesseiros. (vide capa deste livro). O travesseiro serve também como encosto móvel, que se encaixa nos vãos entre as ripas das bancadas.

Caso não se consiga uma concha de madeira, pode-se adaptar uma de metal e colocar um cabo de madeira.

A bucha natural, facilmente encontrada nas feiras, é o acessório ideal para se ensaboar na sauna. O suor e a água em abundância amolecem e soltam as células mortas da pele. A bucha com sabonete efetua um verdadeiro *peeling* inofensivo e superficial, revigorando toda a superfície do corpo.

Crivo de chuveiro

Tenha vários do lado de fora do ambiente quente, mas nenhum no teto da sauna. O calor do teto aquece a água remanescente que fica no crivo e, ao ligar, pode sair um jato de água fervente no banhista.

Puxadores de janelas e portas

Deverão ser todos de madeira. Qualquer objeto de metal, além de não combinar com o interior da sauna, poderá ficar muito quente e desagradável.

Da sauna direto para a neve. Foto Martti Aaltonen.

Três "saudáveis" frequentadores de sauna nos anos 60 em Penedo. Mauno Jordan e dois visitantes. Foto Martti Aaltonen

10

OS DETALHES DE CONSTRUÇÃO

Vários livros finlandeses e Americanos apresentam instruções para construção de saunas muito detalhadas e completas. Alguns livros são mencionados na bibliografia. Essas instruções são adequadas para condições climáticas, hábitos de construção e preocupações bem diversas das que temos no Brasil.

O método mais popular de construção de residências na Finlândia, em grande parte da Europa e nos Estados Unidos, consiste na construção de paredes externas e internas baseada em estruturas de madeira, forradas por painéis, e recheadas com isolantes térmicos, caso se tratem de paredes externas. No Brasil a maioria das construções é de alvenaria, de tijolos maciços ou tijolos *baianos*, de barro queimado.

Aquelas práticas de construção trazem preocupações que nós não temos. Eles precisam barrar a eventual umidade gerada na sauna, de forma que a mesma não alcance as paredes, ocasionando o empodrecimento das estruturas de madeira. O método de fixação de bancadas nas paredes, por exemplo, é bem diferente. Enquanto eles precisam apoiar as vigas de sustentação das bancadas nas estruturas internas de madeira das paredes, nós podemos fixar nas paredes de alvenaria.

Frequentemente as saunas são construídas dentro dos prédios urbanos. Nessas construções, no inverno, a preocupação é usar o calor perdido na sauna para contribuir no aquecimento da edificação.

Nessas construções internas fechadas, devido ao rigor dos invernos, a ventilação dos diversos ambientes é um sério problema de engenharia.

Nas saunas externas e isoladas, o problema de isolamento das paredes da sauna também é complicado. Há ocasiões em que temos aquecer a sauna a 80°C a 100°C, enquanto que no exterior temos -30°C ou menos!

A faixa inferior das paredes da sauna no Brasil não precisa de isolamento. Geralmente a temperatura no primeiro degrau fica no entorno dos 30°C e a temperatura externa não fica longe disso, ou seja, a diferença de temperatura é de poucos graus. Para que isolar?

Na Finlândia essa diferença de temperatura, mesmo nos degraus inferiores pode chegar aos 50°C a 60°C! É interessante isolar, é claro! Até o piso pode precisar de isolamento.

Nas saunas à lenha na Finlândia, geralmente a porta de alimentação de lenha é interna. No Brasil podemos construir a sauna com a alimentação pelo lado de fora e ter o depósito de lenha à mão.

Caros amigos da sauna, uma boa notícia: é mais fácil construir uma sauna no Brasil do que na Finlândia!

Dimensões do ambiente quente da sauna

A área mínima não deve ser inferior a 3,5 metros quadrados. Uma sauna de 1,70 m x 2,20 m é o mínimo para que dois banhistas desfrutem simultaneamente e confortavelmente do calor.

Uma sauna de 2,30 m por 2,50 m acomoda 5 pessoas e já apresenta uma inércia térmica agradável.

Exemplo de uma pequena sauna, residencial, com um forno elétrico de 9 kw. Desenho André Aaltonen.

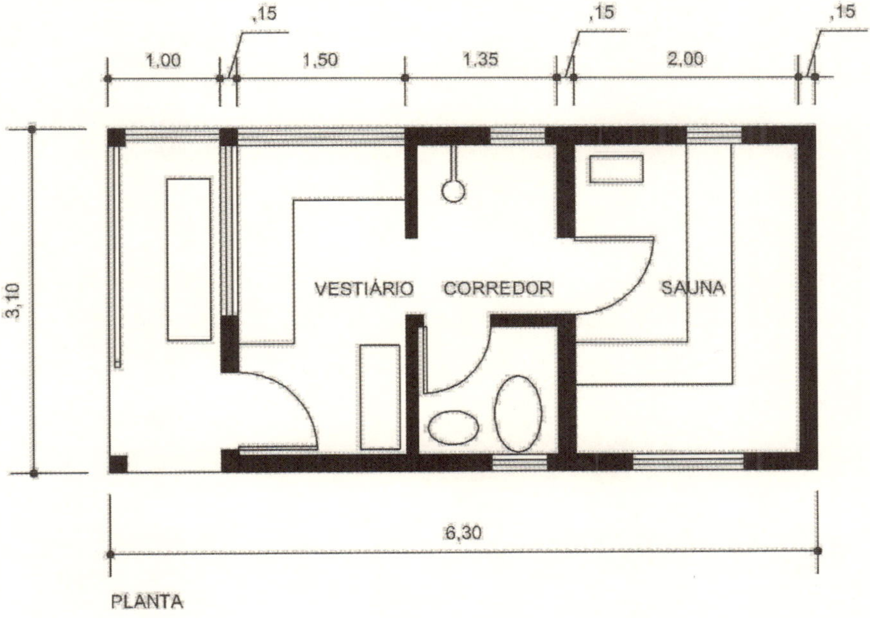

Pé direito

O pé direito é um item crítico na construção e frequentemente dimensionado incorretamente. Numa sauna residencial o ideal é um pé direito de 2,05 metros a 2,15 metros. Nas saunas com capacidade para mais de 10 banhistas (não recomendável), o pé direito pode ser ligeiramente superior, aumentando-se o número de níveis de bancada de forma que o nível mais alto continue próximo ao teto. O pé direito pode ser mais alto, desde que a bancada mais alta esteja a 1, 1m a 1,2m do teto da sauna. Pode haver a necessidade de construir uma escada de acesso.

Corte das bancadas e dimensões. Exemplo. Desenho André Aaltonen.

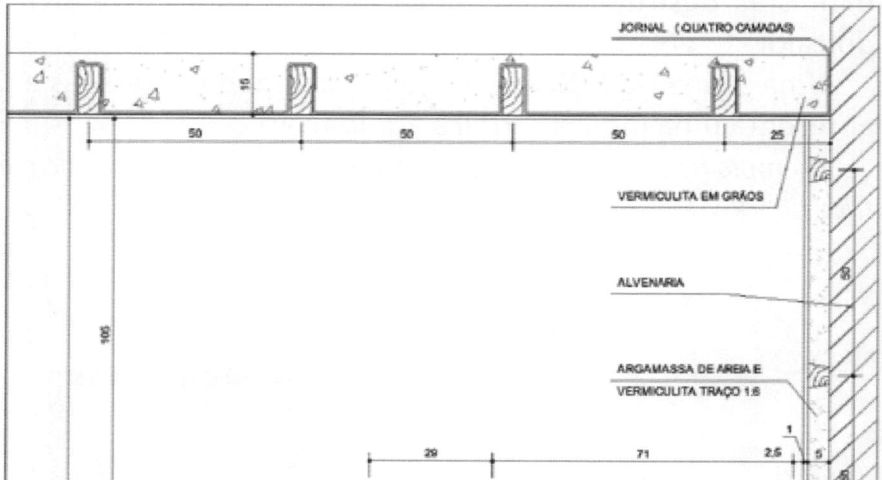

Distância entre a bancada mais alta e o teto

Deve ser de 1,05 metros e no máximo 1,10 metros. Como o calor se concentra próximo ao teto, um espaço maior significa desperdício de energia e torna difícil aquecer o ambiente. Uma temperatura de 90°C no nível da cabeça da pessoa sentada no degrau mais alto, pode descer mais de meio graus Celsius para cada centímetro abaixo, nos níveis inferiores.

Disposições de bancadas

As bancadas podem ser dispostas de diversas formas no ambiente quente da sauna. A escolha vai depender de vários fatores, tais como a capacidade da sauna, localização da sauna, possibilidade de colocação de janelas, layout geral da sauna, largura das bancadas, etc.

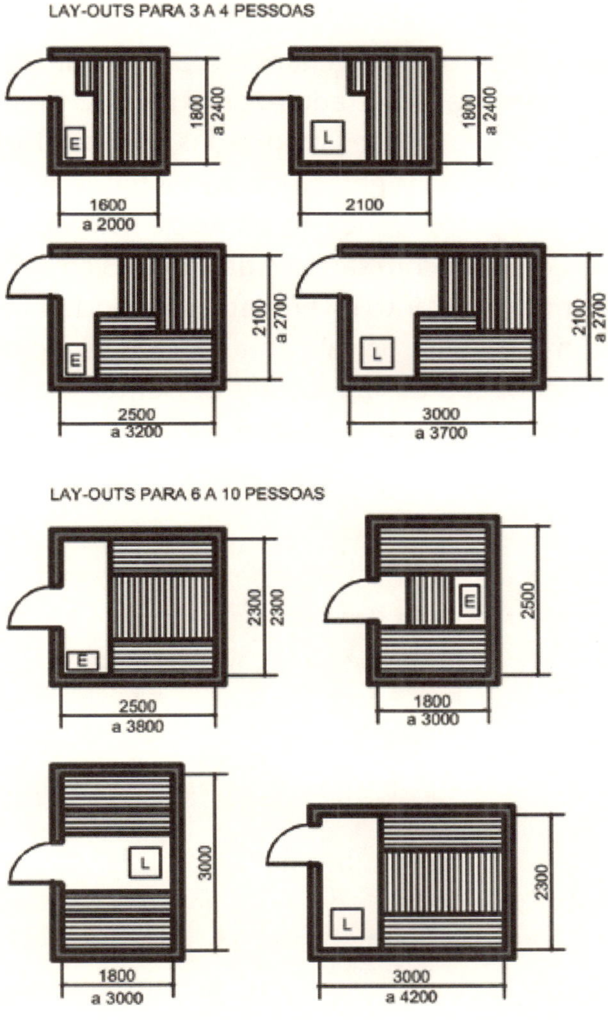

Sugestões de disposição de bancadas. Medidas em mm E = forno elétrico L = forno à lenha, com chaminé. Desenho André Aaltonen.

Os lay-outs poderão ser evidentemente alterados, construídos simetricamente aos apresentados, em função da disposição no terreno, circulação e iluminação natural disponível. Levar em conta sempre a circulação para a sauna: o forno deverá ficar em lugar tal que os banhistas não esbarrem no mesmo, ao entrar e sair da sauna.

As bancadas

As bancadas das saunas finlandesas não devem ser construídas de alvenaria e forradas de madeira. Essa construção de alvenaria absorverá muito calor e dificultará a limpeza. Este tipo pode ser indicado para o chamado banho turco ou *sauna úmida* que nem precisa de estrados de madeira. As bancadas das saunas finlandesas devem ser suportadas por estruturas ventiladas.

As bancadas então devem ser feitas de madeira macia e leve, como a parte branca do pinho do Paraná, *pinus eliotis* ou a caxeta. Construir com sarrafos de 2 cm a 3 cm x 7 cm, distanciados de 1 cm e com canto levemente arredondado (basta uma lixa grossa nas quinas). Sarrafos mais largos tendem a "encanoar" e mais estreitos são desagradáveis de sentar em cima. Intervalos mais largos também trazem desconforto.

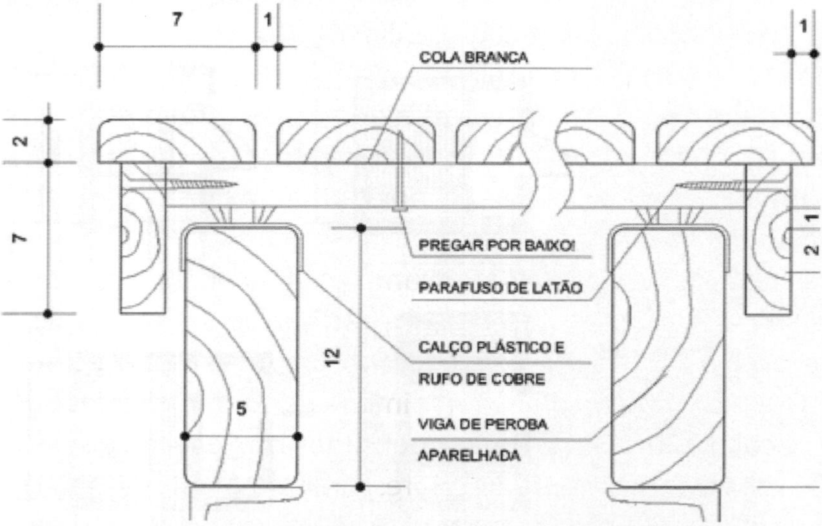

Bancada e suportes, vista lateral. Desenho André Aaltonen.

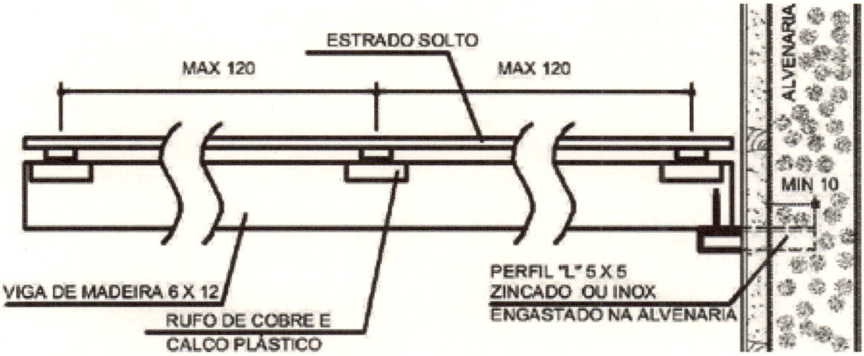

Bancada, vista frontal, sem a tábua de cobertura. Desenho André Aaltonen.

A largura da bancada superior, a principal, deverá ser de 70 a 90 cm de largura (no mínimo 60 cm), para permitir que o banhista se encoste à parede e recolha os seus pés, para o nível superior, permitindo dessa forma desfrutar de um calor uniforme em todo o corpo.

A bancada inferior (penúltima) deverá ter pelo menos 35 cm de largura, dos quais 10 cm ficarão por baixo da bancada superior. Caso esta bancada seja também utilizada pelos banhistas menos experientes e que se satisfaçam com temperaturas mais baixas, esta bancada dever ter de 40 a 50 cm, dos quais 10 cm ficarão por baixo da bancada de cima.

Recomenda-se construir os estrados, pregando (ou aparafusando) por baixo, evitando assim que cabeças de pregos ou parafusos fiquem expostas em contato com a pele dos banhistas.

Pregos e parafusos de aço inox duram mais e não mancham a madeira.

Além dos pregos, é interessante passar cola branca entre as peças, para evitar a criação de frestas que segurem a água, por capilaridade. Esta água, com o tempo, provoca o apodrecimento.

Outra forma de evitar ou minimizar a deterioração das bancadas é coladas tiras finas de compensado entre os sarrafos de 7 cm e os sarrafos de suporte inferiores, criando assim um intervalo, que evitara um acúmulo de água.

Costumo cobrir a parte superior das vigas de suporte, que entrarão em contato com os sarrafos dos estrados, com um rufo de cobre na área de contato das peças (comp. 15 cm; largura da viga com mais 2 cm de aba para cada lado), de forma a evitar que a água permaneça entre as vigas e os estrados. Nos estrados coloco ainda calços plásticos, que se apóiam nos rufos.

Esses cuidados ajudam a preservar a estrutura de madeira e as bancadas, já que não devemos ter empecilhos para o uso da água numa sauna.

Estrados assim encaixados também permitem acesso melhor para a limpeza da sauna e este método de construção minimiza os apoios no piso.

O intervalo entre as alturas dos estrados não deverá ser superior a 35 cm e o intervalo entre a bancada de nível mais alto e o forro do teto deverá ser de 105 cm a 110 cm, o que permite que os banhistas aproveitem o espaço de maior calor da sauna, já que o calor tende a subir. Este espaço também é suficiente para que os banhistas se deliciem com as *vihtas*.

Estas medidas são fundamentais para uma boa sauna. A medida de 35 cm entre as duas bancadas é confortável e permite um sentar relaxado e não prende a circulação das pernas. Sentar com as pernas penduradas é cansativo e desagradável.

Numa sauna residencial, dois níveis de estrados fixos são suficientes. Um terceiro e quarto níveis inferiores poderão ser providos com a inclusão de uma escada/banco móvel.

Não envernizar as superfícies em contato com a pele. Somente a parte inferior dos estrados poderá ser envernizada, a fim de retardar o apodrecimento da madeira. É lá que ficam paradas as gotas de água após a limpeza e apodrecem a madeira.

A escada/banco móvel também poderá ser totalmente envernizada e pode ser de madeira mais resistente, porém convém deixar a superfície superior dos degraus sem verniz e áspera, para evitar escorregões.

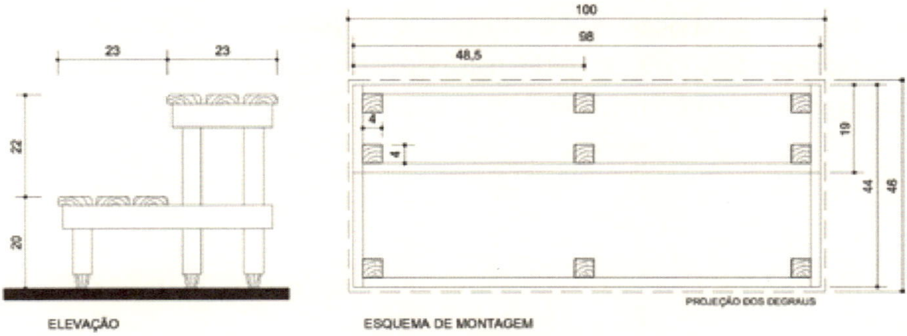

Banco inferior, solto. Desenho André Aaltonen.

Os puristas podem fazer cara feia, até para a utilização desses vernizes e colas, mesmo que não fiquem a vista, mas depois de um ou dois banhos, todos os solventes já terão desaparecido e a durabilidade das bancadas será muito maior.

Estrutura de suporte das bancadas

A estrutura de suporte das bancadas das saunas podem ser construídas de muitas maneiras. Devemos sempre procurar a forma mais simples, de maneira que não existam colunas de madeira apoiadas no piso, que podem apodrecer e que dificultam a limpeza. Às vezes é inevitável construir uma estrutura para as bancadas sem um ou dois apoios no piso. Neste caso, é preferível fazer a coluna de aço inox ou pelo menos colocar uma sapata de borracha ou outro material que não apodreça.

As bancadas deverão ser rígidas o suficiente para aguentar a lotação completa da sauna, com banhistas corpulentos. Notar que poderemos ter algumas centenas de quilos sentados simultaneamente e usando uma vihta.

Apresento uma forma de construção que tenho usado com sucesso e que é relativamente simples de construir.

Costumo usar vigas normais de construção, de 6x16 de madeira de lei, aparelhadas e envernizadas (estas peças podem e devem ser envernizadas, para evitar apodrecimento). Cuidado ao usar Peroba Rosa. Escolher peças de fibras retas, ao longo do comprimento. As peças de fibras muito reversas podem ceder sob o peso dos banhistas.

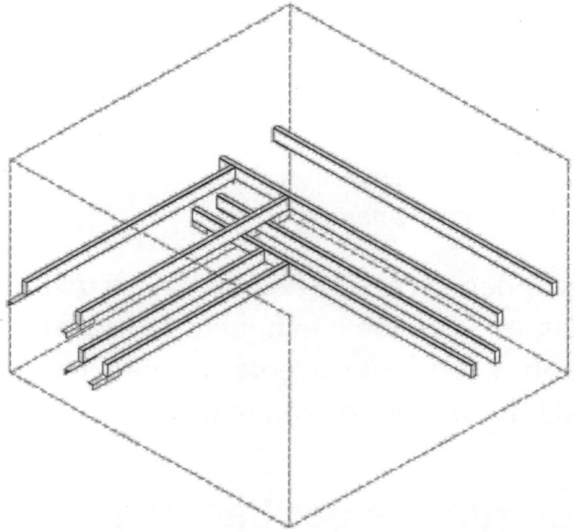

Vigas de suporte das bancadas. Desenho André Aaltonen.

Costumo prever suportes de cantoneiras de aço, engastadas nas paredes, para suportar as vigas de madeira. Estas, por sua vez, apóiam os estrados simplesmente encaixados por cima.

Detalhe de encaixe das vigas de sustentação das bancadas. Desenho André Aaltonen.

A forração e o isolamento térmico das paredes

Uma boa escolha é um forro de Pinho do Paraná, em peças brancas sem nó nem cerne (estrias vermelhas). Reserve estes pedaços com nós e decorativos para as áreas onde os banhistas não encostem. Um ambiente de Pinho do Paraná produz também um aroma muito agradável.

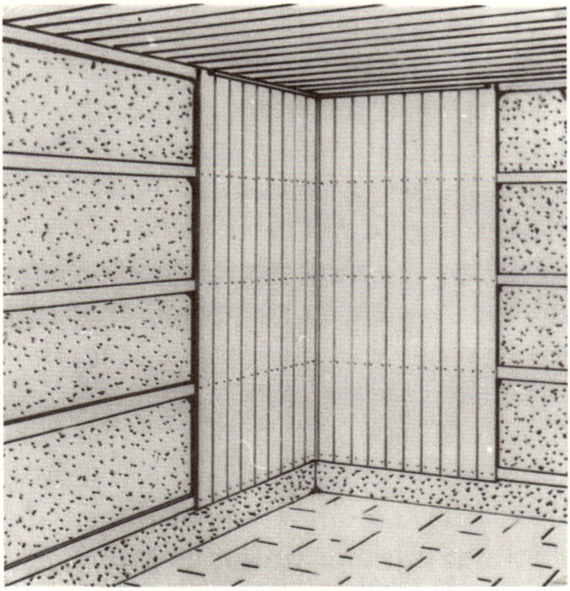

Desenho da forração das paredes. Desenho Martti Aaltonen.

Um outro material de forro popular é o cedrinho. Apesar de termicamente correto, por se tratar de uma madeira bem leve, torna o ambiente mais escuro. É uma questão de gosto.

Outra alternativa boa é o *pinus eliotis*, que é muito leve. Devem-se evitar as partes com nós e bolsões de resina, nas partes que podem entrar em contato com o corpo dos banhistas, para evitar queimaduras. O *pinus* também exala um perfume muito agradável. Na verdade, qualquer madeira, de aroma agradável e peso específico abaixo de 0,5 g/cm^3 poderia ser usada, desde que tenha as outras propriedades mecânicas parecidas com as do pinho do Paraná ou cedrinho.

Uma madeira que provavelmente seria interessante é a caxeta (muito popular antigamente para a fabricação de tamancos), mas não é encontrada comercialmente em forma de lambris e tábuas.

Madeiras mais densas e duras, acima de 0,5g/cm^3, são desagradáveis na sauna pelo fato de armazenarem muito calor, não isolarem bem e serem desagradáveis ao tato, quando aquecidas.

O forro de madeira deverá ser pregado em caibros horizontais, fixados nas paredes e distantes cerca de 50 cm uns dos outros. (Vide desenhos). Como isolante térmico entre aos caibros poderemos colocar uma camada de 5 cm de argamassa massa de cimento e vermiculita expandida (proporção de 1:6 a 1:8) ou placas de lã de rocha, sem folha de plástico.

Deve-se evitar o Isopor (não respira e não é recomendado para temperaturas acima de 85°C) assim como a fibra de vidro. Eventuais partículas da fibra, que escapem por entre as frestas, podem produzir irritação na pele.

Chapas de espuma rígida de poliuretano podem ser usadas, apesar de terem o inconveniente de não *respirar*, e resistem a 100°C, o que é suficiente, pois ficam atrás de uma barreira de jornais e forro de madeira.

Deixar o pedaço de parede que ficam atrás do forno e mais duas faixas com a largura de 15 cm a 20 cm livres de cada lado do forno, até o teto, sem forro de madeira. Emboçar essa faixa com argamassa de vermiculita e cimento (4:1) e caiar. A cal é uma *tinta* perfeita para as partes emboçadas da sauna: não pega fogo, *respira*, não mofa e permite retoques!

Não envernizar nem pintar de forma alguma.

O forro e o isolamento térmico

O ponto mais crítico é o teto, que deverá ser bem vedado à passagem do ar. O ar aquecido a 100°C tende a subir e procurar qualquer orifício para escapar. Uma fresta de milímetros ou um furo de 3 cm de diâmetro pode impedir totalmente o aquecimento da sauna. Mesmo os furos menores causarão uma perda enorme de energia, impedindo o eficiente aquecimento da sauna e uma grande perda de energia.

Não colocar plásticos ou folhas de alumínio entre as camadas de termo-isolante. Deverá permitir alguma "respiração", para evitar o mofo e permitir uma eliminação de umidade, após o banho.

Mesmo havendo um teto já existente na construção (laje, por exemplo) há necessidade de construir um teto isolado para o ambiente de banho da sauna.

O ideal é um teto de pinho do Paraná ou *pinus*, pregado por baixo das vigas de madeira (vide desenhos) que servirá de suporte a um termo-isolante, entre o forro e a laje.

Caso haja acesso para cima do forro da sauna, pode-se colocar uma camada termo-isolante de grãos de vermiculita solta, encontrada nas casas que vendem materiais refratários.

Colocam-se algumas camadas de jornal (uma camada de 4 folhas é suficiente) para que os grãos não caiam pelas frestas. Esta camada de folhas de jornais também serve para ajudar a impedir o fluxo de ar ascendente. Sobre as mesmas despeja-se então a vermiculita expandida, seca e solta, de grão grosso, até uma espessura de 15 cm.

Este tipo de teto isola, veda bem e ainda *respira.*

Caso haja laje, pode-se prever uma pequena porta de visita lateral, na parede, que permitirá a colocação de vermiculita sobre o forro.

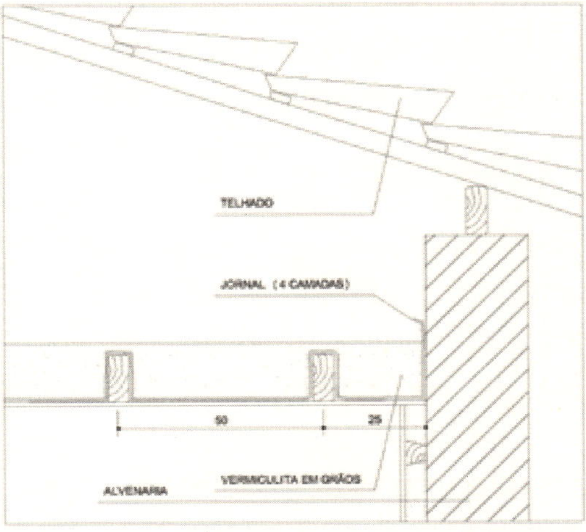

Forro da sauna – caso com telhado. Desenho André Aaltonen.

Caso o acesso sobre o forro seja totalmente impossível, podem-se colocar placas de espuma de poliuretano ou lã de rocha, de 5 a 10 cm de espessura, cortadas num tamanho ligeiramente maior do que o intervalo entre as vigas de sustentação do forro e prensados entre os mesmos. Colocar algumas camadas de jornal, antes de pregar o forro de madeira, com o objetivo de vedar eventuais falhas na vedação.

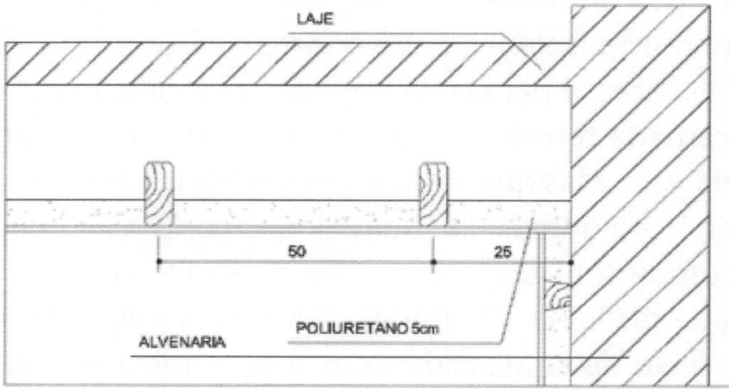

Forro da sauna – caso com laje. Desenho André Aaltonen

Este tipo de isolamento é suficiente aqui no Brasil, onde não há preocupação com o frio externo. Caso existam cômodos contíguos, que não possam receber o eventual calor e umidades dissipadas pelas paredes, outras providências deverão ser tomadas, tais como paredes duplas, etc. Uma alternativa mais simples que temos aplicado nas saunas de aquecimento contínuo é construir um forro de compensado de forma plastificado, de 1,5cm de espessura, muito comum no mercado. Deverá ser suportado por cima por traves de madeira de 2cm x 15cm para evitar "embarrigamento". Na face inferior receberá então as tabuas de forro. Preencher todas as juntas do compensado e da parede com silicone, para evitar a fuga do ar quente.

Piso

Deve ser antiderrapante. Exemplo: cerâmicas antiderrapantes ou ardósia sem polimento. Recomendo placas de ardósia de 40 cm x 40 cm. Servem para o piso assim como para a parte inferior das paredes, e não necessitam de isolamento térmico, aqui nos trópicos. Uma faixa de ardósia ou cerâmica, de 40 cm na parte inferior da parede é o ideal.

Alguns construtores forram toda a sauna com madeira, inclusive o piso, sem nenhuma necessidade e com algumas inconveniências. A limpeza fica difícil e o escoamento de água fica dificultado. Com o tempo o cheiro de mofo é quase inevitável e as madeiras, em contato com o piso, tendem a acumular umidade e apodrecem. Caso se deseje um piso de madeira, a solução são estrados soltos de madeira, para permitir limpeza e retirada para secá-las. Após a sauna, as bancadas superiores secam facilmente, mas os estrados tendem a permanecer úmidos. E com os estrados, temos mais um problema: onde vamos secá-los?

A porta

Deverá ser a mais baixa possível, para evitar a fuga de calor. Uma porta de 0,60 m x 1,90 m é suficiente. Porta de pinho do Paraná bem branco, de angelim pedra ou de cedro, do tipo calha mexicana que é facilmente encontrada no comércio, feita de várias peças de madeira encaixadas é ótima: isola o suficiente e não empena com o calor. Portas de compensado não resistem.

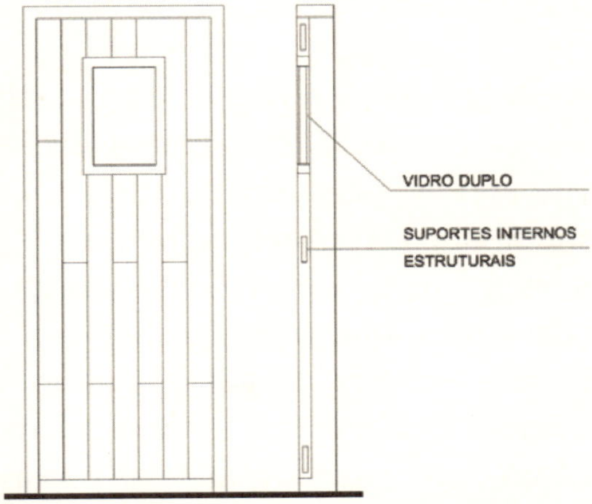

Detalhe da porta tipo calha mexicana, modificada. Desenho André Aaltonen

Deixar um vão por baixo da porta de uns quatro centímetros, para ventilação. Não há fuga de calor nesse nível e permite certa troca de ar. É interessante recortar um visor de uns 25 cm x 40 cm, com dois vidros finos, do tipo usado em vidraças normais, com um *sanduiche* de ar entre os mesmos, o chamado vidro duplo, para isolar. Os vidros devem ser fixados com ripas aparafusadas, para facilitar futuras limpezas.

Para manter a porta fechada, costumo usar dois fechos de armário, tipo esfera de aço, tamanho grande, na altura da maçaneta. Os puxadores devem ser de madeira, para não queimar as mãos. Sempre que possível, a porta deverá abrir para fora, por motivos de segurança. Há fabricantes nacionais que comercializam portas isoladas, com visores, para pronta entrega.

Uma solução simples e interessante é colocar uma porta de vidro temperado de 8mm de espessura, translúcidas. Prover a porta com puxadores de madeira longitudinais para acionamento até por crianças, pois o vidro estará muito quente. Colocar vedação normal nas arestas laterais e superior. Deixar um intervalo inferior de 4cm, para a troca de ar. Caso se vede por baixo, a porta ficará abrindo, todas a vezes que se jogar água nas pedras (o Löyly). Mais uma vantagem da porta de vidro: é uma "janela" adicional.

As janelas

É interessante prever pelo menos uma janela, de esquadria de madeira, para tornar o banho mais agradável e permitir a ventilação durante a retirada de resíduos de monóxido e após o banho. Já encontrei saunas com até três janelas.

É muito mais agradável apreciar uma bela paisagem, à luz do dia ou até mesmo um barranco do que ficar sentado numa caixa fechada. Evita também a desagradável sensação de claustrofobia. Deverão ser do tipo pivotante ou basculante de uma folha também de vidro duplo, como a janela da porta e com dobradiças e parafusos de latão na borda superior.

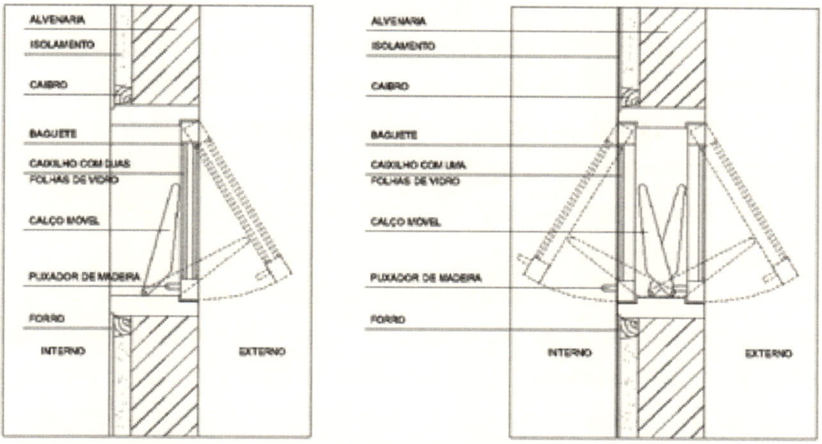

Exemplos de janelas com uma ou duas folhas. Desenho André Aaltonen.

A(s) janela(s) – assim como a porta – devem ficar entreabertas (10 a 15 cm) após o banho, para a ventilação e secagem do ambiente. É conveniente não abrir a porta nem as janelas totalmente, para não esfriar a sauna e o forno muito rapidamente, antes da umidade ter sido eliminada.

Alternativamente à janela com duas folhas de vidro em sanduíche, podem-se colocar janelas de duas folhas, com vidros simples, uma de cada lado do batente da janela. Vantagem: a limpeza dos vidros é mais fácil. Desvantagem: a ventilação do banho é mais complicada.

Os puxadores deverão ser de madeira e os fechos do tipo esfera de aço também funcionam muito bem para manter as janelas fechadas.

Muito interessantes são as janelas ou paredes totalmente de vidro temperado, permitindo uma iluminação natural e uma vista ao exterior. Caso a sauna tenha sido bem planejada, haverá a oportunidade de apreciar belas paisagens.

Ventilação

Este é um dos aspectos mais controversos e discutidos pelos "experts" em saunologia. Cada livro e folheto têm uma recomendação e faço aqui os comentários deste saunologista de plantão.

A recomendação mais encontrada é a de uma entrada, tipo comporta, perto do piso e uma saída similar de ar próxima do teto. O comentário que achei mais plausível é que este sistema não serve para nada. Entra ar frio, que se espalha pelo piso, já que ar frio não sobe. Sai o ar quente com o calor precioso e caro.

A solução que achei mais engenhosa é colocar uma entrada a 50 cm acima do forno, com um pequeno insuflador de ar e uma saída ao nível do piso. Na verdade esta saída não é necessária, caso a porta tenha os 4 cm de fresta inferior, conforme recomendamos. O ar fresco se mistura de imediato com o ar quente do forno da sauna e impulsionado pelo calor do forno, é levado aos banhistas. Caso seja difícil prover esta entrada de ar por cima do forno, pode-se colocar uma abertura na parede, por baixo do forno, direcionando o ar que entra diretamente para o fluxo de ar em ascensão que esta sendo sugado.

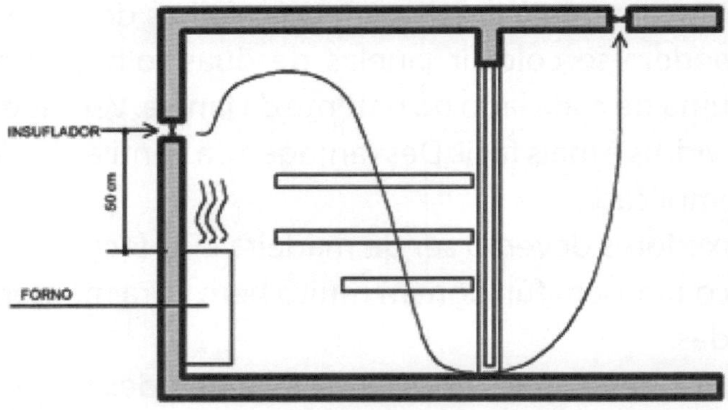

Um esquema de ventilação. Desenho André Aaltonen.

Outro fator de facilitação da renovação do ar é o *löyly*. Toda a vez que se joga água nas pedras, produzindo o *löyly*, há uma agitação do ar da sauna e os banhistas passam a ter acesso a um ar melhor. O *löyly* funciona como um pistão: a cada litro de água jogada nas pedras, até 1700 litros de vapor são produzidos e 1700 litros de ar sairão por quaisquer frestas que encontrarem, até que a pressão se estabilize. Dentro de poucos minutos, após a condensação do vapor de água resultante do *löyly* e sua consequente diminuição de volume, um volume de 1700 litros de novo ar entrará na sauna.

Outro mecanismo de troca de ar é o entra-e-sai da sauna. O abre e fecha da porta provoca também uma ótima troca de ar. As crianças geralmente são o mecanismo mais eficiente de renovação de ar da sauna. E como gostam de entrar e sair! Não devem ser impedidas e sim orientadas para rapidamente fechar a porta ao sair ou entrar para evitar a fuga do calor.

Nas saunas que construi até hoje, usei frequentemente o sistema *löyly + crianças eventuais + fresta de 4 cm por baixo da porta,* com resultados muito bons!

Chaminé

Geralmente a chaminé das saunas a lenha, de aquecimento contínuo são fornecidas pelo fabricante dos fornos e são feitos de tubos de aço, com diâmetro de 10 cm. Temos então o problema de como atravessar com a chaminé, da sauna para o mundo exterior.

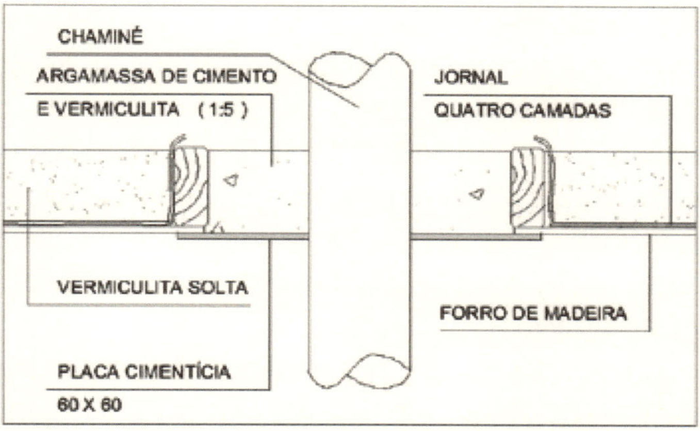

Passagem da chaminé pelo forro. Desenho André Aaltonen.

Podemos instalar desvios de 45° para atravessar uma parede, caso seja conveniente. O isolamento é relativamente simples na alvenaria e recomenda-se vedar com massa de rejunte com Vermiculita e cimento, na proporção de 4 a 5 por 1. Caso se deseje levar a chaminé verticalmente, precisaremos atravessar o teto da sauna e o telhado. O teto poderá ser atravessado com uma placa cimentícia incombustível (a substituta da antiga placa de cimento amianto, proibida hoje em dia) e vedada por uma boa camada de argamassa de vermiculita e cimento.

A chaminé de metal deverá ser isolada termicamente de qualquer estrutura de madeira próxima, em seu trajeto (vigas, forros, caibros, ripas, etc.), para evitar o perigo de incêndio.

Hidráulica

Deixar um ponto de água a 80 cm do piso para uma torneira tipo registro de esfera, de 20 mm, para mangueira de jardim, que servirá para refrescar os banhistas, encher baldes (de madeira se possível) e lavar a sauna, após os banhos. E se a água for potável, dá até para beber durante o banho.

O último banhista deve enxaguar as bancadas, para evitar que o suor se entranhe na madeira.

Deixar um ralo para saída das águas ou então uma queda de 1% no piso, na direção da porta.

Os chuveiros devem ser do tipo que permite um grande fluxo de água. Muito bons são os crivos de chuveiro do tipo convencional, de cobre ou latão, de 20 a 40 cm de diâmetro, alimentados por encanamento exclusivo de 40 mm, direto da caixa de água e com registros de esfera, para cada chuveiro. É conveniente instalar também um chuveiro de água quente, convencional. As mulheres vão agradecer à lembrança.

Os ralos devem ser bem projetados, para escoar toda essa água rapidamente. Notar que durante algum tempo, um ou dois chuveiros estarão despejando muita água, simultaneamente. Caso os ralos não sejam eficientes, poderá haver uma inundação!

Resolve-se o problema levando o cano de saída dos ralos, direto para um ponto de sumidouro ou esgoto, bem abaixo do ralo (1,5 m ou mais), sem ralos de passagem. O efeito sifão sugará a água, com um ronco! Outra medida adicional, que ajuda muito, é colocar uma canaleta com grelha ao longo parede, ao invés de ralos.

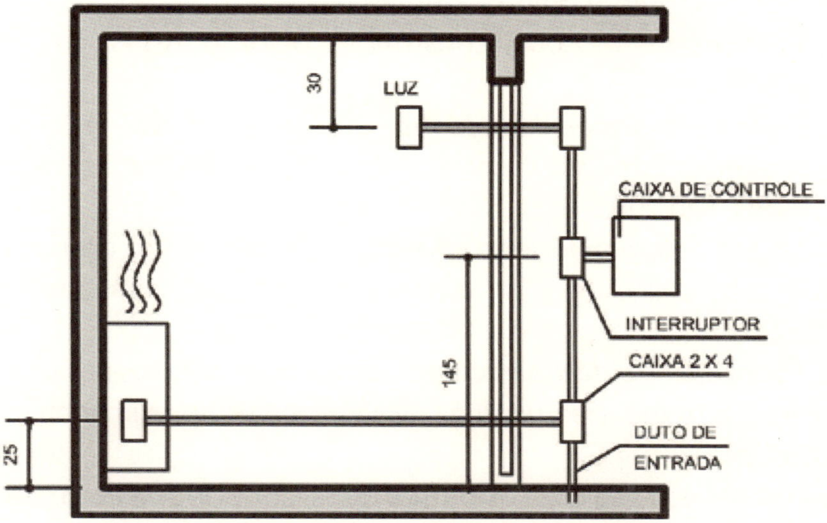

Esquema de conduítes. Desenho André Aaltonen.

Deixar uma caixa 2 x 4 a 30 cm do teto para um ponto de luz, afastado do local do forno. Alternativamente alguns preferem colocar o ponto de luz por baixo das bancadas. O interruptor deverá ficar do lado de fora. A lâmpada deverá proporcionar uma iluminação indireta, não muito forte. O filamento não deverá ser visível – incomoda a vista.

Sempre que possível, deverá se escolher os fornos trifásicos. Estes fornos poderão ser ligados com cabos mais finos que os bifásicos. Os cabos deverão suportar temperaturas de irradiação atrás do forno que podem chegar a uns 200°C ou mais. Utilizar cabos para temperaturas elevadas e dimensionadas para carga do forno e a distância do forno e a caixa de entrada.

Devido à elevada carga deste consumidor, há necessidade de ligação direta ao quadro elétrico de entrada.

Os cabos de alimentação do ponto de luz também devem suportar temperaturas superiores a 100ºC.

Qual forno escolher?

Na Finlândia, com as suas 2.000.000 de saunas, a distribuição deve ser a seguinte (minha estimativa):

Savusaunas – 2.000, construídas pelos puristas, em suas casa de campo.

Sauna pré-aquecida, à lenha – muito populares, há 50 anos atrás. Ainda apreciadas por puristas. Devem existir aproximadamente 120.000.

Sauna de aquecimento continuo à lenha. Muito usadas em saunas de casas de campo. Devem existir aproximadamente 850.000.

Forno elétrico de aquecimento contínuo. Adotadas nas saunas prediais e residências urbanas. Devem existir aproximadamente 1.000.000.

A diferença fica com os outros tipos, aquecidos a óleo, a gás, etc. Os dois primeiros tipos não são comercializados no Brasil, mas podem ser construídos, caso você se torne um aficionado por sauna, tenha habilidades manuais ou conheça alguém capaz de construir um forno e sauna deste tipo. Já construí algumas do tipo pré-aquecidas, à lenha.

Restam então os dois últimos:

Sauna de aquecimento contínuo à lenha

Indicado para quem tem uma casa de campo, com acesso fácil à lenha. Aquece rápido e a lenha é muito mais barata do que a eletricidade. No Brasil, a lenha é abundante e quase de graça. Qualquer obra em construção é um potencial fornecedor de excelente lenha:

- pedaços de pontaletes de eucalipto;
- pedaços de caibros e vigas;

- pedaços de tábuas de obra.

Tudo madeira de lei e ecologicamente correta. Caso não a utilizemos, geralmente vão para o lixo.

Ainda temos as podas de árvores, as árvores caídas, etc. Só precisamos de espaço e ferramentas para transformar estas preciosidades em lenha para a sauna.

Mesmo a lenha pronta, de eucalipto, já pode ser adquirida com o comprimento ideal para o forno de sauna.

Nunca utilizar nós de pinho. A capacidade calorífica é tão alta que pode amolecer as chapas de aço da estrutura do forno e destruí-lo.

A minha segunda sauna, a "Sauninha" do lado da piscina, é do tipo abaixo e

É a mais popular na família.

Sauna de aquecimento contínuo – elétrica

Aquece rápido e não há restrições quanto a sua instalação. O dimensionamento geralmente é informado pelo fabricante, mas geralmente pede-se 1 kW por metro cúbico de espaço da sauna. Recomendo que sempre se dimensione um pouco para cima, devido às perdas da sauna, áreas não termo-isoladas, etc. O termostato se encarregará de cortar e regular o consumo de eletricidade de qualquer forma, assim que a temperatura desejada seja alcançada e o *löyly* será de melhor qualidade.

Não esquecer de dimensionar os cabos de acordo com o forno e de acordo com a distância ao quadro de distribuição. Preferir fornos trifásicos (caso disponíveis – consultar a companhia de distribuição de eletricidade) e instalar cabos exclusivos para o forno, desde o quadro.

11

A SAUNINHA

Alegria em 2,7 metros quadrados.

Foto André Aaltonen

Histórico

Na nossa casa em Penedo já tínhamos uma sauna à lenha do tipo tradicional, de pré-aquecimento, originalmente foi construída pelo meu pai, Martti Aaltonen nos anos 60 e que já tinha sido reformada várias vezes.

Com capacidade para até 8 banhistas simultaneamente é muito agradável. O cheirinho de madeira da forragem de pinus e dos restos da queima de lenha dão uma sensação única. Visitantes finlandeses que a experimentaram afirmaram que durante o banho tinham a sensação de estarem na Finlândia.

Estando em Penedo e morando lá, como faz o meu filho André, banho de sauna é todo dia.

Aos poucos algumas rotinas e aspectos começaram a incomodar.

Esse tipo tradicional de sauna, de preaquecimento, implica em tempo longo de queima de lenha. Dependendo do tipo de lenha usada, o aquecimento pode levar até 3 horas. Nem sempre há a disponibilidade de ficar na tarefa todos os dias, apesar da rotina de que cuidar da lenha e do fogo fazerem parte do ritual da sauna.

E os banhistas só podem desfrutar do calor da sauna por 3 a 4 horas, porque depois a temperatura da sauna cair muito e o banho já não é tão agradável.

E a piscina ficava longe da sauna. O ideal é que estivesse mais próxima.

Apareceu a solução:

A Sauninha

O meu amigo Rauno Pécala Rae tinha um estoque de toras de araucária, presente de uma fábrica de compensados de pinho. Eram peças restantes de um desbaste de grandes toras de pinho do Paraná , "descascadas "em lâminas para a fabricação de compensado. Eram peças cilíndricas de aprox. 11 cm de diâmetro e 2 metros de comprimento, que depois de um trato de marcenaria, serviram para construir uma Sauninha no estilo "log house" na beira da piscina. A dimensão interna ficou em 1,63m x 1,63m.

A Sauninha está funcionando desde julho de 2016 e mais de 2500 banhos já foram tomados. Apesar de só caberem 3 pessoas simultaneamente nas bancadas, grupos de amigos de até 6 a 7 pessoas já desfrutaram dos banhos. Ficam 2 a 3 no ambiente quente, 2 a 3 na piscina e o resto sentado no deck tomando um suco ou uma cervejinha.

As toras sendo preparadas. Foto André Aaltonen

Os encaixes para a "log-house". Foto André Aaltonen

O nascimento da Sauninha. Foto André Aaltonen

Foto André Aaltonen

Foto André Aaltonen

Test- drive da Sauna em julho de 2016. Piloto: Filipe, 12 anos.

A Sauninha , com a pátina, após alguns anos de uso:

Foto André Aaltonen

A Sauninha serviu para comprovar que a sauna não precisa ser grande para proporcionar muita alegria.

Locação da obra. Foto: André Aaltonen

Inauguração da sauna de Brasília. Fonte: Embaixada da Finlândia.

12

UM PROJETO EM BRASÍLIA
A TROPICALIZAÇÃO DA SAUNA

Por André Aaltonen

A Embaixada da Finlândia, com a cooperação do Jardim Botânico de Brasília, projetou um espaço constituído por lago, jardim e uma sauna com deck de madeira. A atração fica na Alameda das Nações e representa a Finlândia no conjunto de países ali figurados. A sauna, patrimônio imaterial da humanidade pela Unesco e um dos pontos centrais da cultura finlandesa, é o foco desse jardim.

O Projeto Finlandês da sauna foi desenvolvido na Universidade de Ciências Aplicadas da Carélia pelo então estudante de Engenharia Juho Manninen e supervisionado pelo professor Timo Pakarinen. O desenho do jardim foi desenvolvido em colaboração entre o Jardim Botânico de Brasília, a Embaixada e o mestre paisagista finlandês Johan Slätis.

Na ocasião da obra, a coordenadora do Projeto pela Embaixada da Finlândia, Taru Juurikko, procurou meu pai para uma consulta sobre a construção da sauna, quando recebemos os Projetos. Na primeira análise já percebemos que seria necessário um projeto de adequação às nossas condições climáticas e ambientais. Nesse momento assumo a interface com a Embaixada e começamos os trabalhos.

UMA SAUNA SINGELA
E UM DESAFIO MONUMENTAL

A sauna e o pequeno vestiário do projeto original estão inseridos num volume único, com telhado de duas águas, como uma casinha à beira do lago. Uma escala em perfeita harmonia com o entorno do lago e jardim, como tantas saunas nas ilhas e lagos da Finlândia. Nossa premissa foi manter a geometria original e repensar as técnicas construtivas.

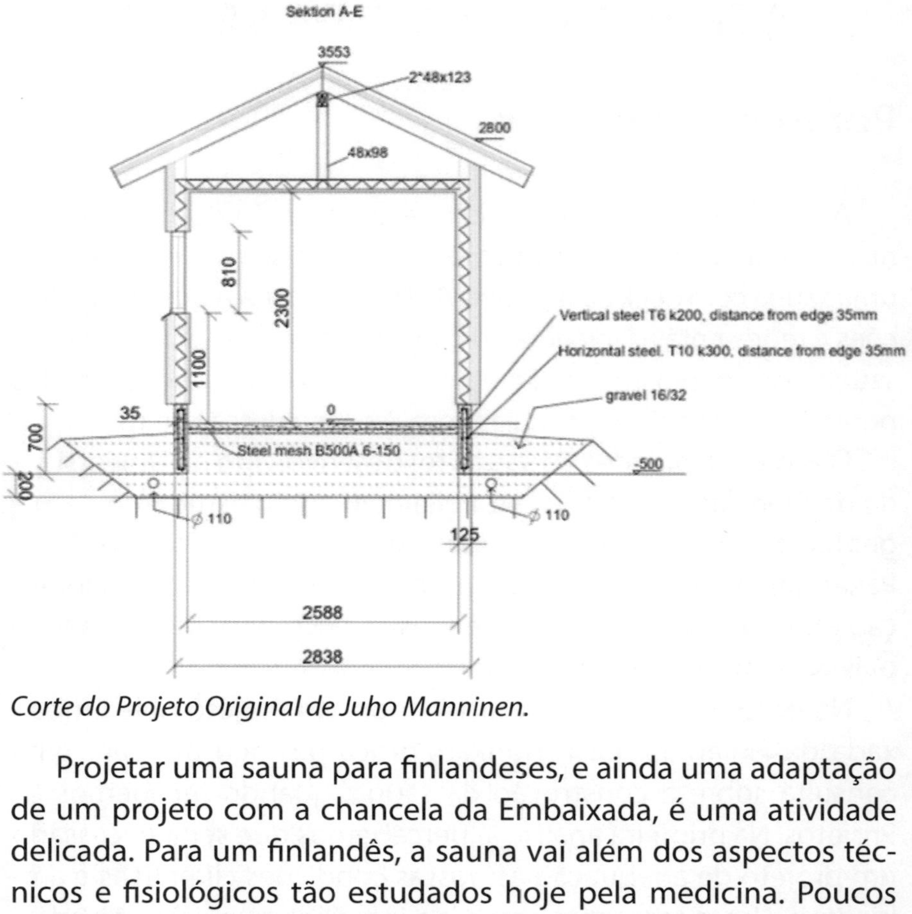

Corte do Projeto Original de Juho Manninen.

Projetar uma sauna para finlandeses, e ainda uma adaptação de um projeto com a chancela da Embaixada, é uma atividade delicada. Para um finlandês, a sauna vai além dos aspectos técnicos e fisiológicos tão estudados hoje pela medicina. Poucos finlandeses se lembram da primeira vez que experimentaram a sauna e alguns, como meu avô Martti Aaltonen, nasceram na sauna. Ao migrar pro Brasil em 1947, Martti trouxe conhecimentos atávicos e foi um dos responsáveis pela difusão da sauna por aqui projetando e construindo saunas públicas e particulares, já com uma abordagem tropical. Timo, engenheiro de formação, herdou esse legado e se aprofundou no assunto compilando as

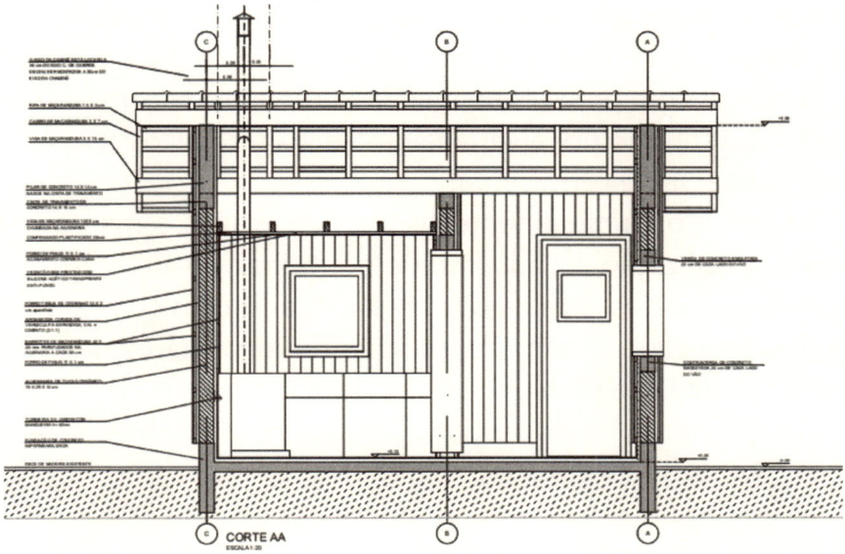

Corte do Projeto Tropicalizado

informações neste livro que o leitor tem em mãos. Projetou e construiu diversas saunas para os amigos e família. Eu, arquiteto, sou o desdobramento dessa história e emprego nos projetos de sauna um olhar crítico sobre as soluções desenvolvidas para o nosso clima e geografia, testando novas técnicas e materiais. Não consideramos a questão da tropicalização da sauna um caso resolvido. Mas, produzimos banhos de sauna endossados pela Embaixada da Finlândia. Até chegarmos à versão final do Projeto houve uma intensa troca de e-mails onde todos os aspectos técnicos, do ralo à chaminé, foram debatidos vivamente. Sim, a vontade de todos era termos uma sauna 100% funcional. Uma legítima experiência de um banho de sauna finlandês, em pleno cerrado, no Planalto Central do Brasil.

A TROPICALIZAÇÃO DA SAUNA

Uma vez equalizadas as questões técnicas, partimos para o Projeto Executivo. Na Finlândia a sauna deve ser protegida de temperaturas externas de dois dígitos negativos. Lá no Jardim Botânico de Brasília insetos xilófagos, mofo e outros fungos são vorazes. Chuva e umidade afetam as estruturas de madeira perenemente. Para mitigar os efeitos ambientais, o sistema construtivo finlandês com paredes de madeira preenchidas com lã de rocha foi substituído por alvenaria de blocos cerâmicos revestidos por argamassa de vermiculita.

O telhado, originalmente com telhas planas e manta para impermeabilização, foi substituído por telhas vãs de barro. Já o forro da cobertura da sauna foi especificado com compensado naval plastificado e forro de madeira no lugar da estrutura de madeira com lã de rocha.

Retiramos o forro do vestiário proporcionando melhor ventilação e conforto térmico.

O Projeto finlandês previa uma manta de alumínio entre as paredes e todos os forros internos. Este material foi eliminado. Nossas temperaturas externas não demandam este tipo de blindagem. E é preferível que os materiais respirem e sequem mais facilmente. Mantivemos os forros de madeira nas paredes internas e externas. Estas alterações permitiram a manutenção da geometria geral do Projeto.

A OBRA

Estive presente na reunião de início da obra com o chefe adjunto da Embaixada Ahti Törrönen e equipe quando orientei a locação do gabarito. A partir daí fiz o acompanhamento remotamente, on-line.

A INAUGURAÇÃO

A sauna foi inaugurada no dia 15 de junho de 2024 com a presença da Embaixada, amantes da sauna e o público intrigado com a nova atração do Jardim Botânico.

A sauna já foi testada e aprovada! Um autêntico banho de sauna finlandês com sotaque tropical.

Projeto Original - Fonte: Embaixada da Finlândia

A QUEM INTERESSAR POSSA

Projeto: A Embaixada da Finlândia e o Jardim Botânico de Brasília (JBB) criaram um Jardim Finlandês) localizado na Avenida das Nações do JBBJ em celebração aos 200 anos de independência do Brasil. A ideia foi que o jardim se assemelhe à bela natureza finlandesa. O jardim também tem uma sauna tradicional finlandesa) atividade que é considerada um Patrimônio Cultural Imaterial da Humanidade da UNESCO. O Jardim Finlandês foi oficialmente aberto em junho de 2024.

Sauna finlandesa tradicional: Os planos de construção da sauna foram elaborados pela equipe da Universidade de Ciências Aplicadas da Carélia) Finlândia. Os desenhos foram ajustados para o ambiente tropical pelo arquiteto finlandês-brasileiro e especialista em sauna) André Aaltonen, quem também acompanhou e prestou serviços de consultoria durante de construção de sauna.

SERVIÇOS PRESTADOS PELO ARQUITETO ANDRÉ AALTONEN

A. Tropicalização do Projeto Arquitetônico da Sauna:

O projeto original da sauna foi mantido em sua geometria geral. As paredes em madeira foram substituídas por alvenaria de tijolos cerâmicos revestidos em argamassa de vermiculita. Isso aumenta a resistência da construção contra as intempéries e insetos xilófagos, garantindo o isolamento térmico. Foi removido o forro do ambiente do vestiário) deixando a ventilação das telhas vãs. Estes itens fazem parte do Projeto) composto por:

- Projeto Executivo de Arquitetura
- Projeto e detalhamento de carpintaria) marcenaria e caixilhos.
- Memorial descritivo e quantitativo.

8. Acompanhamento da obra:

- Início da obra no canteiro com orientação dos pedreiros e marceneiros
- Locação da obra
- Acompanhamento remoto da obra

17 junho 2024 Brasília
Johanna Karanko
Embaixadora da Finlândia no Brasil

13

SAUNA PRIMEIRO, PARAÍSO DEPOIS. O CENTENÁRIO DA SAUNA NO BRASIL

Por André Aaltonen

É notório que o finlandês ergue a sauna antes de construir a própria casa. Foi assim com meus avós, Aili e Martti Aaltonen, quando vieram para Penedo na década de 70. Depois de mais de 20 anos no Brasil, mudaram-se para Penedo para criar o seu próprio pedaço de Paraíso. Aqui nesta casinha onde moro, na rua que leva o nome do artesanato das Velas, Martti era responsável pela concepção artística e Aili cuidava da produção. Os banhos de sauna eram frequentes já que esta ficava dentro de casa.

Quando chegaram da Finlândia em 1947 foram morar no Rio de Janeiro onde Martti projetou e construiu diversas saunas e fez parte do grupo de finlandeses que disseminou a sauna no Brasil.

A PRIMEIRA SAUNA DO BRASIL

Antes disso, a sauna já estava por aqui. Desembarcou no Brasil em 1927 na bagagem do grupo pioneiro de imigrantes que acompanhava Toivo Uuskallio no anseio de seu sonho.

Liisa e Toivo Uuskallio, Frans Armas Fagerlund (que trocaria seu nome mais tarde para Armas Parno), Eino Kajander e Enok Nyberg foram os primeiros a chegar no navio La Corunã em 1° de setembro de 1927. Na sequência vieram Toivo Andreas Suni no navio Massília em 25 de abril de 1928 e o jovem Ole Aartelo que chegou ao Rio de Janeiro em 07 de dezembro do mesmo ano, no navio Lima.

Durante a estada na cidade do Rio de Janeiro "Uuskallio foi ao Mosteiro de São Bento falar pessoalmente com o superior da Ordem, o Abade Pedro Eggerath, e recebeu a oferta de emprego para ser responsável por uma das fazendas de propriedade dos religiosos, em Barra Mansa, no vale do Paraíba, a Fazenda Três Poços" [1]. Esse expediente indica a importância da fluência de Uuskallio no idioma alemão na rede de relacionamentos que construiria no Brasil. E sua incrível capacidade de articulação social. O grupo todo rumou para o Vale do Paraíba.

O período na Fazenda Três Poços foi muito proveitoso. Vivenciaram as condições reais da agricultura no Brasil e o tipo de trabalho que enfrentariam na colônia tropical. "Lá mesmo ouviram falar da Fazenda Penedo, que também era do Mosteiro de São Bento, e estava à venda, mas não foram visitar o local naquele momento" [2]. Poderia se dizer também que foi o primeiro divisor de águas no enredo da imigração. Eino e Enok decidiram deixar o grupo e foram para São Paulo pois não se adaptaram ao tipo de trabalho.

O grupo dos cinco batedores seguiu para Itatiaia , onde poderiam procurar o sítio ideal para o Éden Tropical. Novamente a rede de contatos da comunidade alemã proporcionou a estadia na pensão do casal Walter no lote 128 do Núcleo Colonial Itatiaya. "A pensão era composta de pequenas casas espalhadas pelo mato, e o grupo ficou num pequeno chalé de dois quartos, sala e varanda, que serviu como base para a busca da fazenda ideal para a colônia" [3]. Foi durante esse período de oito meses que a primeira sauna do Brasil foi construída! Um dos argumentos que convenceu os Walter da necessidade de uma sauna foi a doença da Sra.

Walter. Ela sofria de paralisia reumática, doença que teria sido curada em três meses de banhos de sauna. Fizeram o forno da sauna na oficina do Sr. Schubert em Itatiaia. [4] Como se pode constatar no capítulo 3 "Sauna e Guerra" deste livro: para o finlandês, sauna é prioridade. E não se discute!

De lá, Uuskallio e Suni fizeram viagens de reconhecimento para São Paulo, Rio de Janeiro, Espírito Santo e Minas Gerais. Visitaram duzentas fazendas e Uuskallio ampliou sua rede de conhecidos no governo brasileiro e na sociedade alemã. Convenceu-se de que não queria uma aventura perigosa na Amazônia, nem uma topografia muito acidentada como a do Espírito Santo. As geadas de São Paulo foram um ponto negativo. A imagem da nova colônia ficava cada vez mais nítida para Uuskallio.

PENEDO, O BERÇO DA SAUNA NO BRASIL

O Sr. Walter avisou sobre a disponibilidade da venda da Fazenda Penedo, próxima à sua pousada. Em 1928 fizeram uma visita que foi reveladora para Liisa e Toivo. Reconheceram o local indicado por Deus para o Paraíso Tropical. E todo o grupo gostou da localidade. Uma carta de Toivo para a Finlândia em 8 de novembro de 1928 já avisava que o local da nova colônia havia sido encontrado. Um compromisso de compra e venda foi assinado e o grupo se mudou da Pensão dos Walter para o Casarão de Penedo em 7 de dezembro de 1928. Todo o trâmite burocrático foi facilitado porque a fazenda pertencia ao "Mosteiro de São Bento e Uuskallio já havia se tornado pessoa de confiança entre os monges beneditinos"[5]. O registro foi lavrado em 28 de janeiro de 1929, no Rio de Janeiro e a fazenda passou para o nome de Uuskallio. Esta é a data oficial do início da Colônia Finlandesa de Penedo no Brasil.

A Pensão dos Walter foi vendida na sequência para Robert Donati que inaugurou o Repouso Itatiaia em 1931, hoje Hotel Donati, ainda em funcionamento dentro do Parque Nacional do Itatiaia que seria inaugurado somente em 1937[6]. Não se encontram hoje vestígios físicos da primeira sauna, ficaram somente as histórias.

A notícia se espalhou na Finlândia e, no começo de 1929, já havia 22 finlandeses na Fazenda Penedo. Antes mesmo da chegada do primeiro grupo oficial, escolhido por Pennanen para vir para Penedo, que aportou no Brasil no navio Desiderade, em 16 de junho de 1929. Era formado por 26 pessoas que deixaram a "Finlândia para se aventurar nos trópicos, rumo ao desconhecido"[7].

Logo após a chegada do primeiro grupo, Penedo já tinha sua sauna. A primeira sauna de Penedo, erguida ainda em 1929, foi construída aproveitando a estrutura de um pequeno curral, entre o Casarão e o Rio das Pedras. Esquentavam a sauna todos os sábados. As mulheres tomavam sauna primeiro, até às 17:00 e depois os homens. Sempre com generosos banhos no Rio das Pedras.

Essa sauna também se desfez com o tempo. Com o desenvolvimento da Colônia, outras saunas foram construídas nas casas dos finlandeses. O movimento da sauna sempre causava espanto ao povo local e aos visitantes. Aquela gente branca pelada entrando num quarto quente onde aqueciam pedras até a incandescência, os barulhos do fervilhar da água do löyly e das vihtas em ação, depois corpos esfumaçantes correndo pro rio... e repetiam isso várias vezes! A curiosidade fez com que os nativos experimentassem o tal ritual e a sauna conquistou os corações brasileiros.

Se a sauna nasceu na pensão dos Walter, Penedo foi o berço onde cresceu e virou motivo de integração social e cultural.

A SAUNA CONQUISTA O BRASIL

Após 1942 houve um aumento no turismo, os finlandeses recebiam os visitantes nas próprias casas e começaram a construir pousadas e saunas públicas. Esse movimento impulsionou a cultura da sauna que transbordou os limites de Penedo e se espalhou pelo Brasil.

Nas palavras de Nilo Valtonen sobre a sauna no Brasil, publicadas no livro "50 anos de Penedo, a Colônia finlandesa" de 1979, conservado aqui o sotaque original:

"Depois de segunda guerra sauna espalhou-se pelo Brasil afóra. Tijuca Tenis Clube fez primeira sauna pública, seguido do Hotel Gloria no Rio. Hoje em dia todos clubes de futebol e de tênis têm sua sauna, mesmo acontecendo com clubes de serviço. Edifícios novos fazem propaganda da picina e sauna juntamente com 2-3 vagas na garagem. Ricaço que se preza tem uma casa do campo picina e sauna.

Vários finlandeses ganharam seu pão construindo saunas ou fornecendo fornos de sauna."

O CENTENÁRIO DA SAUNA NO BRASIL

Desde o sonho de Toivo na Finlândia que o levou para o Paraíso Tropical no Sul em 1925 até o primeiro löyly lá na pensão dos Walter, em 1928, na floresta tropical, aos pés do maciço de Itatiaia no interior do Rio de Janeiro no Brasil passaram se somente três anos!

O sonho utópico de Uuskallio se desfigurou no embate com a realidade. Aqui em Penedo a presença finlandesa se esgarçou depois de setenta anos do término das imigrações e da miscigenação generalizada. Minha família é um bom exemplo disso. Porém, ainda há um núcleo de finlandeses, fino-brasileiros e de brasileiros que mantêm as tradições da Colônia e gostam de contar a nossa história. O maior centro de referência da Cultura da Colônia de Penedo é o Clube Finlândia. Fundado em 1942 segue ativo no seu papel congregador entre a Finlândia e o Brasil e recebe calorosamente visitantes de todas as partes.

A cultura da sauna continua firme e forte, temos duas aqui em casa! Na nossa família, meus filhos, sobrinhos e netos frequentam a sauna desde que começam a andar. Os amigos e agregados sempre são convidados efusivamente a participar e, na imensa maioria das vezes, se surpreendem e gostam muito. Alguns até contratam um Projeto de sauna pra levar pra casa, outros escrevem teses! Novos empreendimentos hoteleiros de Penedo nos procuram para oferecer aos hóspedes a experiência original da sauna finlandesa.

Como não aprendi a língua, o ponto central da herança da cultura finlandesa em mim é a sauna, que tomo todos os dias. Em seguida o puukko, uma faca lá do Norte que o finlandês usa no trabalho em madeira e no dia-a-dia desde criança. Inclusive na construção de saunas que está na nossa família há gerações. Continuamos estudando sauna: origem, história, arquitetura, ergonomia, técnicas construtivas, materiais, termodinâmica, medicina, psicologia, fisiologia, filosofia. Toda a teoria não explica a vivência de um banho de sauna.

Não existe um inventor da sauna e "sauna" é palavra finlandesa sem tradução. A origem da sauna remonta a um tempo sem fronteiras e nacionalidades para os povos das florestas geladas do Norte. Nasce como equipamento de sobrevivência, cura, nascimento e morte. É parte do universo místico nórdico. E é um traço cultural profundo do povo finlandês. Não faz sentido personificar a introdução da sauna no Brasil. Foi uma consequência da imigração.

Em 2028 comemoraremos o centenário da sauna no Brasil e, em 2029, o centenário da Colônia Finlandesa de Penedo.

Os finlandeses construíram e tomaram o primeiro banho de sauna no Brasil antes mesmo de encontrar o local para a sonhada colônia utópica tropical. Logo que a Fazenda Penedo foi comprada, a ação mais urgente foi achar um local propício e erguer a primeira sauna na nova Colônia. E foi a partir de Penedo que a cultura da sauna se desenvolveu e se propagou pelo Brasil.

Penedo, novembro de 2024.

FONTES:

([1]),([2]),([3]),([5]),([7]) A utopia e a formação urbana de Penedo: a criação, em 1929, e o desenvolvimento de uma colônia utópica finlandesa no estado do Rio de Janeiro/ Sergio Moraes Rego Fagerlande. - Rio de Janeiro: UFRJ / FAU, 2007.

http://objdig.ufrj.br/21/teses/702175.pdf

Relação de Vapores que chegaram ao Rio de Janeiro entre 1875 - 1964 https://imigracao.duobox.com.br/

"50 anos de Penedo, a Colônia finlandesa" de 1979, Coletânea de textos em comemoração aos cinquentenário de Penedo

([4])ITATIAIA, RJ - RUI CAMEJO / "Núcleo Colonial de Itatiaya completa 100 anos – conheça a história"

- "palestra feita pela jornalista Célia Borges sobre o centenário do Núcleo Colonial Itatiaya" - A PRIMEIRA SAUNA DO BRASIL

https://ruicamejo.blogspot.com/2008/06/hoje-4-de-junho-o-ncleo-colonial-de.html?m=1

([6]) Conflitos Fundiários em Unidades de Conservação: Estudo de Caso da Parte Baixa do Parque Nacional do Itatiaia - Majela Salvio https://www.academia.edu/103263773/Conflitos_Fundi%C3%A1rios_em_Unidades_de_Conserva%C 3%A7%C3%A3o_Estudo_de_Caso_da_Parte_Baixa_do_Parque_Nacional_do_Itatiaia?email_work_c ard=view-paper

CONCLUSÃO

O uso do café foi estranhamente alterado por alguns habitantes do norte da Finlândia. Algumas pessoas tinham o costume de adicionar sal ao café, ao invés do açúcar. Porque isso aconteceu?

Por necessidade de sal?

Viram alguém colocando um pó branco no café e acharam que era sal?

O café era de tão baixa qualidade, misturado à chicória na época de guerra, que para tomar, só salgando mesmo?

Este costume era encontrado no norte da Finlândia, até os meados do século passado.

Não conheciam ainda o café de qualidade e não sabiam como realmente degustá-lo, para ter o máximo de prazer dessa bebida maravilhosa.

Até a minha juventude, imaginava também que os melhores vinhos eram aqueles que se podia comprar em garrafões de 3 litros, nos armazéns do Rio de Janeiro, tipo *Sangue Disso* ou *Castelo Daquilo*. Realmente a cor era parecida e também esses vinhos eram, pelo menos parcialmente, feitos de frutas que cresciam em cachos. Desconhecia os vinhos de qualidade, de origem controlada e de uvas especialmente cultivadas para produzir os melhores vinhos.

Eu ainda não havia aprendido a degustar um bom vinho.

Este livro procura orientar os leitores como diferenciar uma verdadeira sauna finlandesa de uma réplica mal feita. O livro tem por objetivo fornecer as principais instruções de como construir uma sauna corretamente.

Tenho certeza também de que o aumento do conhecimento do assunto sauna proporcionará aos leitores muito mais prazer ao d*egustarem* o seu próximo banho de sauna.

Um bom löyly!!

REFERÊNCIAS BIBLIOGRÁFICAS

A. Reinikainen. Suomalainen Sauna. MTR - Studio, 1977.

Ahonen E, Nousiainen U. The sauna and body fluid balance. Kainuu Central Hospital, Kajaani, Finland, 1988.

Allan Konya. Finnish Sauna.The Architectural Press, London, 1987.

Arthur C. Guyton, M.D. Tratado de Fisiologia Médica. Editora Guanabara Koogan S.A., 1992.

Bohren, Craig F. Clouds in a glass of beer: simple experiments in atmospheric physics. Dover Publications, Inc. Mineola, New York, 2001.

Cristian Capelan. Where do the fins come from? Virtual Finland. Ministério das Relações Exteriores da Finlândia, 1999.

Eisalo A, Luurila OJ. The Finnish sauna and cardiovascular diseases. Lääkäriasema KOE OY, Helsinki, Finland, 1988.

Ernst E, Pecho E, Wirz P, Saradeth T. Regular sauna bathing and the incidence of common colds. Department of Physical Medicine and Rehabilitation, University of Vienna, Austria, 1990.

Fagerlande, Sérgio M. R., A utopia e a formação urbana de Penedo. Dissertação de Mestrado em Urbanismo, UFRJ, 2007.

Hannuksela M, Väänänen A. The sauna, skin and skin diseases. Department of Dermatology, University of Oulu, Finland, 1988.

Helamaa E, Aikäs E. The secret of good *'löyly'*. Tampere Institute of Technology, Finland, 1988.

Jokinen E, Gregory EL, Välimäki I. The sauna and children. Department of Paediatrics, University of Turku, Finland, 1988.

Keast ML, Adamo KB. The Finnish sauna bath and its use in patients with cardiovascular disease. University of Ottawa Heart Institute Prevention and Rehabilitation Centre, Ontario, Canada, 2000.

Kukkonen-Harjula K, Kauppinen K. How the sauna affects the endocrine system. UKK - Institute for Health Promotion Research, Tampere, Finland, 1988.

Laitinen LA, Lindqvist A, Heino M. Lungs and ventilation in sauna. Research Institute of Military Medicine, Central Military Hospital, Helsinki, Finland, 1988.

Leppäluoto J. Human thermoregulation in sauna. Department of Physiology, University of Oulu, Finland, 1988.

Liikkanen, Lassi A. Hyvien löyljen salaisuus 2.0, Finland, 2022.

Luiz Oswaldo Carneiro Rodrigues e Ana Carolina Vimieiro Gomes, da UFMG Suor e exercício em clima tropical. Revista Ciência Hoje, número 237 (Volume 40), p. 68-70.

Mikkel Aaland. Sweat. Capra Press, 1978.

Nguyen Y, Naseer N, Frishman W. H. Sauna as a therapeutic option for cardiovascular disease. Department of Medicine, Stanford Medical School/Santa Clara Valley Medical Center, San Jose, CA, USA, 2004.

Pekka Tommila. Rakennan Saunan. Rakentajain Kustannus, 1986.

Peräsalo J. Traditional use of the sauna for hygiene and health in Finland. Finnish Student Health Service, Helsinki, 1988.

Raymond A. Bucko The Lakota ritual of the sweat lodge. University of Nebraska Press, 1998.

Rehunen S. The sauna and sports. General Headquarters, Finnish Defense Forces, Helsinki, 1988.

Scoon GS, Hopkins WG, Mayhew S, Cotter JD. Effect of post-exercise sauna bathing on the endurance performance of competitive male runners. University of Otago, Dunedin, New Zealand, 2007.

Journal of Science and Medicine in Sport Volume 10, Issue 4, August 2007, Pages 259-262

Sorri P. The sauna and sauna bathing habits - a psychoanalytic point of view. Psychiatric Clinic University Central Hospital of Tampere, Finland, 1988.

Ständer M, Steinsland B. Psoriasis patients in the sauna,1983.

Talebipour, B., Rodrigues, L. O. C. e Moreira, M. C. V. Efeitos da sauna sobre doenças cardiovasculares e doenças relacionadas com o estilo de vida. Rev Bras Med Esporte [online]. 2006, vol. 12, no. 4 [citado 2007-10-29], pp. 216-220, 2006.

Vários, Atlas da História do Mundo. 1993, Times Books.

Vários autores, Revista Sauna, da Suomen Sauna Seura ry (The finnish sauna Society).

Vários especialistas, Finnish Sauna - Design and Construction. Rakennustieto Publishing, Helsinki, 2007.

Vuorenjuuri, Martti. Sauna kautta aikojen. Otava, 1967.

Vuori I. Sauna bather's circulation. UKK - Institute for Health Promotion Research, Tampere, Finland, 1988.

Ylikahri R, Heikkonen E, Soukas A. The sauna and alcohol. Research Laboratories, Finnish State Alcohol Company, Alko Ltd, Helsinki, 1988.

GLOSSÁRIO

Utilizei alguns termos em finlandês, ligados à sauna. Com o intuito de facilitar a escrita e eliminar descrições repetitivas. Estes termos não tem um correspondente adequado em português nem em inglês.

Sauna

Segundo o Aurélio: [Do finl.] S. f.

Banho a vapor, de origem finlandesa, à temperatura de 60°C a 80°C; banho finlandês.

Equipamento apropriado para esse banho.

Quase correto. Um dos objetivos deste livro é esclarecer este conceito.

Em sueco é conhecido como Bastu e em Russo como Bania.

Kiuas

(Ou também: Sauna Uuni - forno de sauna)

Forno de sauna ou aquecedor são os termos muito usados no Brasil, mas não correspondem com exatidão ao equipamento. O kiuas é o equipamento aquecedor do ambiente da sauna que, além de aquecer, é capaz de gerar a umidade produzida pelo *Löyly*. Vários tipos foram descritos.

Löyly

(o "ö" é pronunciado como o ditongo "eu" em Francês (ex: Pont Neuf) e o ípsilon se pronuncia como em Francês)

É a mistura de vapor e partículas de água superaquecidas, decorrentes do arremesso de pequenas quantidades de água sobre as pedras aquecidas do kiuas. Segundo os entendidos finlandeses, a quantidade de água deve ser equivalente à uma xícara de chá de cada vez.

Vihta

(pronuncia-se com h aspirado - "virrta", com r de carioca)

Também conhecido como Vasta, dependendo da região da Finlândia. Usei a expressão vihta.

É um ramalhete de folhagens, normalmente de galhos de bétula, no formato de um buquê de flores. Aqui no Brasil, assim como na Austrália, certamente, usamos os galhos de Eucalipto, que deixam um agradável odor no ambiente.

Savusauna

Sauna de fumaça. É uma sauna a lenha, com um forno sem chaminé. Durante o aquecimento a fumaça sai pelas janelas e portas.

Kotasauna

É a sauna montada em barraca.

ALERTA

O leitor deve se aconselhar com o seu médico antes de adotar quaisquer das recomendações deste livro e antes de adotar qualquer novo hábito.

O leitor deve também procurar o apoio de um bom arquiteto ou engenheiro de sua confiança para que o oriente e para que o resultado seja agradável e prazeroso. Esses profissionais além de elaborar os projetos de execução, deverão verificar as eventuais restrições do município para a construção de saunas e executar a construção de uma forma correta e segura.